엄마는 아무것도 몰라요

엄마는
아무것도
몰라요

초판 1쇄 발행 2021년 1월 11일

지 은 이   장현숙
발 행 인   권선복
편   집   권보송
디 자 인   김소영
전 자 책   서보미
마 케 팅   권보송
발 행 처   도서출판 행복에너지
출판등록   제315-2011-000035호
주   소   (157-010) 서울특별시 강서구 화곡로 232
전   화   0505-613-6133
팩   스   0303-0799-1560
홈페이지   www.happybook.or.kr
이 메 일   ksbdata@daum.net

값 17,000원

ISBN 979-11-5602-862-8 (13370)

몰라서 미안한 내 아이의 은밀한 세계

엄마는 아무것도 몰라요

장현숙 지음

도서
출판 행복에너지

시작은 자유학기제 진로 수업에 함께 들어가는 선생님의 질문으로부터였다. 수업을 마치고 교실 문을 나서 나란히 복도를 걸어가면서 옆 반에서 수업을 진행했던 선생님은 매우 심각한 표정으로 나에게 물었다.

"선생님, 저 아이들의 엄마들은 자신의 아이들이 학교에서 이런 모습인지 알까요?"

그 질문에 대한 내 대답은 0.1초의 망설임도 없이 단호했다.

"아니요, 절대 모를 겁니다. 절대로요."

이토록 단호하게 대답을 할 수 있었던 데는 나의 경험도 한몫했다. 부모님들은 혹시 자녀가 문제를 일으켜 학교에 방문을 하게 되더라도 선생님을 만날 때까지는 자녀에 대한 진실을 알 수 없는 경우가 많다. 왜냐하면 대다수의 아이들은 자신의 문제행동에 대해 곧이곧대로 얘기하지 않고 각색해 본인에게 불리한 내용은 쏙 빼고 유리한 내용만 얘기하기 때문이다. 그래서 아이를 통해 들었던 말과 선생님을 통해 듣는 말이 전혀 다르다는 것을 학교에 와서야 비로소 알게 된다.

하지만 그것은 비단 내 아이뿐만 아니라 그맘때 아이들의 대부분이 그런 행동을 한다. 부모님에게 혼날까봐 자신에게 불리한 내용은 최대한 축소하고 친구가 잘못한 것은 한껏 부풀려서 얘기하기 마련이다. 나 역시 큰아이를 키우면서 거쳤던 과정이다. 내 아이의 말만 믿고 기세등등하게 학교에 쫓아갔던 적이 있는 부끄러운 엄마였다.

필자는 자원봉사를 하면서 학교에서 부적응적인 문제행동을 하고 상담실에 찾아온 학생들을 상대로 특별 상담을 하였다. 그러다가 자유학기제 수업을 하면서 상담실에서 만났던 친구들을 한군데 모두 모아 놓은 것 같은 장면을 보고 적잖이 충격을 받았다. 학부모님들은 절대 알 수 없는 교실 안 아이들의 민낯을 어떻게 하면 알릴 수 있을까 많은 고민을 했다. 문제를 해결하기 위해서는 사회의 기본 단위인 가정에서부터 바뀌어야 한다는 생각을 하게 되었고 글을 써서 알림으로써 부모님들이 내 아이의 민낯을 보게 되기를 바랐다. 또한 교실의 모습이 바뀌려면 가정에서부터 이루어지는 인성교육이 선행되어야 한다는 생각을 했다.

돌이켜보면 우리는 부모가 되는 법을 따로 배우지 않았다. 우리들 대부분이 부모 됨이 처음이기에 우왕좌왕하고 좌충우돌하기 십상이다.

이 책을 관통하는 키워드는 자녀에 대한 민감성과 기다림, 믿음, 일관성, 적당한 거리두기이다. 특히 거리두기는 사랑이라는 이름으로 소홀히 하기 쉽다. 하지만 엄마와 연결된 탯줄을 자르는 순간부터 아이는 이미 독립적인 존재이다. 인정하고 싶지는 않겠지만 엄연한 현실이다.

우리 부모들이 자녀를 키울 때는 망원경과 현미경이 되어야 한다. 평소에는 자녀와 적당한 거리를 유지하며 망원경이 되어 멀리서 바라보고 지켜보다가 때로는 사안에 따라 현미경이 되어 확대한 뒤 민감성을 가지고 세밀하고 정밀하게 들여다보기도 해야 한다. 그래야 제대로 된 양육과 돌봄을 할 수 있다.

바이올린의 연주 소리는 맑고 청아하고 아름답다. 바이올린의 연주가 아름답게 들릴 수 있는 이유는 바이올린 현이 서로 적당한 간격을 두고 떨어져 있기 때문이다. 그래야 각 현이 가지고 있는 고유의 음을 내고 다른 현들과의 하모니를 이뤄 아름다운 연주가 이루어지는 것이다.

만약 현들이 너무 붙어 있으면 어떻게 될까? 개별적이고 고유한 음을 낼 수 없고 소리가 겹쳐지거나 둔탁한 소리가 나게 되어 조화를 이룬 아름다운 소리를 낼 수 없을 것이다. 부모와 자녀 사이도 이와 같이 적당한 거리가 필요하다. 아이는 나와 다른 개별적인 존재라는 것을 인식하고 존중해준다면 건강한 부모 자녀 관계가 될 수 있다. 자녀에 대한 믿음을 갖고 기다려 준다면 믿은 만큼 아름답고 훌륭한 청년이 될 것이다. 우리들이 그랬던 것처럼.

사례에 등장하는 친구들은 개인정보 보호 차원에서 이름은 가명을 사용했다.

마지막으로 출간을 할 수 있도록 도와주신 도서출판 행복에너지 권선복 대표님과 편집을 위해 애써 주신 권보송 작가님, 멋진 책을 디자인 해주신 김소영 디자이너님께 감사드린다.

PROLOGUE · 4

PART 1   다시 밥상머리 교육으로

① 사례: 너희 부모님은 아시니? · 14
② 조선시대의 밥상머리 교육 · 20
③ 케네디가의 밥상머리 교육 · 24
④ 현대그룹의 밥상머리 교육 · 28
⑤ 유대인의 밥상머리 교육 30
⑥ 밥상머리 교육의 장점 · 39

PART 2   자녀교육에서 기다림의 미학이란?

① 사례: 준비된 사람이 기회를 잡는다 · 44
② 개미와 베짱이 이야기 · 50
③ 80 : 20의 법칙 · 53
⑤ 개미와 거미 · 55
⑥ 모소대나무 · 59

PART 3   현실에 맞는 성교육

① 사례: 알고 싶지 않은 내 아이의 성 · 64
② 성폭력이 미치는 영향 · 69
③ 해외 성교육 양상 · 72
④ 우리나라의 성교육 현황 · 78
⑤ 가정에서의 성교육 · 80
⑥ 자위, 스스로 위로하다 · 84
⑦ 음란물의 덫 · 88

PART 4 4차 산업혁명 속 내 아이 진로교육

① 사례: 공무원보다 유튜버가 되고 싶어요 · 94

② 사례: 인터넷 세계에선 나도 인기인? · 97

③ 인공지능과 4차 산업혁명 · 99

④ 미래에 각광받는 직업을 찾아라 · 101

⑤ 어느 구름에 비 들어 있을지 모른다 · 104

⑥ 내 자녀의 흥미와 적성을 알아보자 · 107

⑦ 자녀의 미래를 위한 인생 로드맵 · 110

PART 5 우울증에 빠진 아이들

① 사례: 자해는 놀이가 아니란다 · 118

② 사례: 나만 없어지면 될까? · 121

③ 사례: 싸우지 마세요, 나도 잘하고 싶어요 · 123

④ 사례: 나는 투명인간이 아니야 · 126

⑤ 가면우울증 · 129

⑥ 청소년 우울증의 증상 · 133

⑦ 청소년 우울증의 원인 · 137

⑧ 부부싸움이 자녀에게 미치는 영향 · 140

⑨ 현명한 부부싸움의 기술 · 144

⑩ 부부싸움 후 피해야 할 행동 · 147

⑪ 회복탄력성 · 150

⑫ 베르테르 증후군과 청소년 자살 · 160

PART 6 **자녀교육의 핵심, 일관성**

① 사례: 하버드대학의 두 학생 이야기 · 166

② 일관성 있는 자녀교육 시키는 법 · 170

③ 부부간 자녀교육의 일관성 · 172

④ 부모와 자녀 사이 교육의 일관성 · 175

⑤ 자녀들 사이의 관계에 대한 일관성 · 177

PART 7 **부모는 아이의 거울이다**

① 사례: 폭력은 대물림 된다 · 180

② 사례: 엄마한테만 반응하는 헐크 · 183

③ 솔선수범 · 185

④ 이솝우화를 통해 본 언행일치 · 187

⑤ 이중구속메시지 · 190

⑥ 말이 그렇지 뜻이 그런가? · 194

PART 8 **아이의 자존감 높이기**

① 사례: 무시당하지 않는다면 아픈 것쯤이야 · 202

② 아이의 자존감을 높이는 방법 · 206

③ 우리 아이 천재로 만드는 강점 찾기 · 211

④ 칭찬과 격려의 차이 · 220

⑤ 칭찬의 기술 · 226

⑥ 사례: 잘했다는 칭찬이 그렇게 어려운가요? · 229

⑦ 프로크루스테스의 침대 · 233

⑧ 코이의 법칙 · 236

PART 9

청소년기의 특성

① 사례: 관심과 사랑이 필요해요 · 240

② 사례: 네가 뭐가 부족해서? · 243

③ 맞벌이 부모의 아이 키우기 · 249

④ 줄탁동시 · 253

⑤ 사례: 풀 메이크업은 부담스러워 · 259

⑥ 개인적 우화와 상상적 청중 · 263

⑦ 고슴도치 딜레마와 거리두기 · 267

PART 10

자아정체성의 중요성

① 청소년기 자아정체성의 중요성은 아무리 강조해도
모자람이 없다 · 278

EPILOGUE · 288

엄마는
아무것도 몰라요

PART 1

다시
밥상머리
교육으로

사례:
너희 부모님은 아시니?

"선생님~"

거울을 보며 앞머리를 정리하던 미소가 조용히 나를 손짓해서 부른다. 나는 웃으며 미소 옆으로 다가갔다.

"왜? 미소 앞머리 잘랐네. 오~ 귀여워, 귀여워."

"그쵸? 내가 귀엽귀엽 하죠."

미소는 손가락으로 브이를 만들어 턱에 갖다 댄다. 나는 인정한다는 듯이 손가락으로 오케이를 만들어 보여주고 어깨를 으쓱해줬다.

"근데요. 선생님."

갑자기 미소가 웃음기를 거두고 표정을 바꿔 정색을 하고 다시 나를 부른다.

"저 여자 내 앞에서 치워주세요."

"응? 뭐라고?"

나는 내가 잘못 알아들은 줄 알고 다시 되물었다.

"아니, 저 여자 말이에요. 내 앞에서 치워 달라구요. 수업시간도 아닌데 우리가 왜 이 시간에 영어 공부를 해야 해요? 수업시간에 하는 영어공부도 지겨워 죽겠는데 이 시간까지 영어 공부를 해야 하냐구요. 아! 개 빡쳐. 빨리 좀 치워 주세요. 존나 재수 없어요."

숨도 쉬지 않고 쏟아내는 미소의 말에 망치로 뒤통수를 한 대 얻어맞은 것 같은 기분이 들었다. 이미 몇몇 아이들은 교재로 나눠 준 프린트물을 뜯어 종이비행기를 만들어 여기저기로 날리고 있었다.

중학교 1학년 자유학기제 수업시간에 진로탐색활동을 위해 들어갔던 교실에서 겪었던 일이다.

그날은 협업을 위해 영어교사 출신의 베테랑 선생님이 지원을 나와 수업을 진행하고 있었다. 선생님은 진로수업을 위해 다년간의 노하우를 직접 교재로 만드는 등 많은 준비를 해 왔다. 학교 영어 수업 때는 배울 수 없는 선생님의 노하우가 담긴 '쉽게 영어를 배울 수 있는 방법'에 대해 수업 중이었는데 아이들의 반발은 예상외로 심했다.

하지만 아무리 수업내용이 마음에 들지 않는다고 선생님을 물건 취급하며 눈앞에서 치워달라고 하다니 이게 무슨 말버릇이란 말인가? 도대체 인성교육이 어디에서부터 잘못되었기에 이런 일들이 벌어지고 있는지 머릿속이 복잡했다.

며칠 후 다른 학교의 수업을 위해서 교실에 들어가니 수업 시작을 알리는 벨소리는 진즉에 울렸건만 아랑곳하지 않는 아이들의 고함소리와 욕설로 교실이 왁자지껄하다. 알다시피 요즘 아이들 대화의 80% 이상은 욕으로 시작해서 욕으로 끝난다. 아무리 자주 들어도 익숙해지지 않는 것이 욕설이라는 생각을 하며 민망한 눈빛으로 담임 선생님과 인사를 하고 수업을 인계받기 위해 교탁 옆에 섰다. 하지만 아이들은 좀처럼 자리에 앉을 생각을 않고 제각각 하던 일을 계속한다. 교실 뒤 좁은 공간에서 축구공을 주거니 받거니 발로 차는 친구들, 작은 생수병 뚜껑에 구멍을 뚫어 친구에게 물을 뿌리는 친구, 느닷없이 물벼락을 맞고 죽여 버린다며 물 뿌린 친구를 쫓아가는 친구, 도망가던 친구는 의자다리에 걸려 넘어지고 쫓아가던 친구는 넘어진 친구 위에 올라탄다. 아이들은 갑자기 벌어진 싸움판에 구경꾼이 되어 "죽여라, 죽여라." 한 목소리로 응원한다. 난장판도 이런 난장판이 없다. 담임 선생님이 더 이상 참을 수 없어 소리를 지른다.

"애들아, 자리에 앉자. 빨리 자리에 앉으라고!"

여선생님이지만 목을 많이 사용해서 아주 오래전부터 목이 쉰 듯 걸걸해진 목소리로 소리를 내지르지만 아이들은 들은 척도 않고 하던 장난을 계속하고 있다.

"민성이, 진호 떨어져. 자리에 가 앉아. 뒤에 김성호, 박영도 축구 그만하고 자리에 앉아, 박영도~ 빨리 자리에 앉으라고. 선생님 오셨잖아. 수업 벨 울린 지가 언젠데 아직도 장난이야. 빨리 제자리에 앉아."

담임 선생님이 교탁을 두드리며 소리를 지르자 구경하던 아이들은 마지못해 슬금슬금 자리에 앉고, 엉켜 있던 두 아이도 툭툭 먼지를 털며 이따 두고 보자는 듯 종주먹을 들이대며 자리에 앉는다. 그러나 교실 뒤편에서 축구를 하던 두 녀석은 여전히 못 들은 체 낄낄거리며 축구공을 주거니 받거니 한다.

"김성호, 박영도 앞으로 나와!!!"

담임 선생님은 더 이상은 참을 수가 없다는 듯이 비명을 지르며 아이들을 앞으로 부른다. 그제야 두 녀석은 실실 웃으며 앞으로 나온다.

"아~ 왜요?"

"아~ 왜요? 왜요? 수업 벨 울린 지가 언젠데. 선생님이 빨리 앉으라고 얘기 했어 안 했어?"

"아~ 못 들었어요. 영도야, 넌 들었냐?"

"아니 나도 못 들었지."

두 녀석은 운동장에서도 들릴 것 같은 목소리로 담임 선생님이 소리를 질렀건만 못 들었다고 눙치며 서 있다.

"너희 둘 다 교무실로 따라와~ 다른 사람들은 선생님하고 수업하고. 선생님 수고해 주세요."

담임 선생님은 내게 연신 미안해하는 눈빛으로 인사를 하고 두 녀석에게 교무실로 따라오라고 하며 앞문을 열고 나가신다. 사람은 뒷모습만으로도 많은 말을 하는데 걸어가시는 담임 선생님의 뒷모습은 화가 잔뜩 나 있는 것 같았다.

바로 그때 나지막하지만 분명한 목소리로 "아이~ ××년 왜 오라 마라 지랄이야." 하며 영도가 거칠게 욕설을 내뱉는다. 갑작스런 욕을 들으며 내가 뜰 수 있는 가장 최대치로 눈을 크게 뜨고 영도를 바라봤다. 나와 눈이 마주친 영도는 씨익 웃으며 담임 선생님 뒤를 건들거리며 따라 간다. 분명히 담임 선생님도 들었을 만한 크기의 목소리였는데 담임 선생님은 못 들은 체 앞서 걸어간다. 문을 열고 나가실 때의 담임 선생님의 뒷모습은 분명 화가 난 것 같은 모습이었는데 영도가 욕을 내뱉은 후의 담임 선생님의 등은 미세하게 흔들리는 것 같았다. 너도 듣고 나도 듣고 우리 모두가 들은 그 욕설로 담임 선생님은 불화로를 뒤집어 쓴 것처럼 얼마나 화끈거리고 비참할까?

아무리 교권이 땅에 떨어졌다지만 이런 일들은 현장에서 비일비재하게 일어난다. 학생인권을 들먹이며 선생님들의 손발을 묶어 버렸기 때문에 선생님들은 아이들의 잘못된 행동에도 선도는커녕 아무것도 할 수가 없다. 학생들에게 맞았다는 선생님들의 기사는 이제 더 이상 충격으로 다가오지도 않는다. 군사부일체니, 제자는 스승의 그림자도 밟지 않는다느니 하는 말은 교과서 안에서만 볼 수 있는 박제된 말이다. 요즘 같은 시대에 그런 거창한 걸 바라지도 않겠지만 선생님들을 능멸하는 일만큼은 없어야 하는 것이 아닐까?

과연 공교육 현장에서 선생님들이 아이들을 위해서 해 줄 수 있는 것들이 무엇이 있을까? 자의 반 타의 반 이제 선생님들마저 손을 놔 버린 아이들의 인성 교육의 부재는 고스란히 사회에서 부작용으로 나타나며 그에 따른 피해는 부메랑처럼 돌아와 결국 내 아이들이 입을 수밖에 없다.

그렇기 때문에 무너져 가는 사회의 기강을 다시 세우는 교육이 절실히 필요한 시점이다. 그 일환으로 밥상머리 교육을 살려야 한다는 것이 요즘의 세태에 대해 안타까워하는 사람들의 일치된 의견이다.

우리가 예전에 배웠던 밥상머리 교육이라 함은 '밥상 앞에서 떠들지 말라', '밥풀 튀니 밥 먹으면서 말하지 말라', '어른이 수저를 들기 전에 먼저 수저를 들어서는 안 된다', '밥 먹을 때 다리 떨지 말라 복 달아난다' 등 무언가를 하지 말라는 부정적인 이야기가 주였다. 하지만 이와는 다른 교육법으로 유명한 밥상머리 교육의 예가 있으니 그 내용들을 살펴보기로 한다.

조선시대의
밥상머리 교육

    우리나라의 대가족 제도에서는 밥상머리 교육이 자연스레 이루어졌다. 따로 시간을 내 억지로 시키는 것이 아니라 할아버지 할머니와 함께 식사를 하면서 부모님이 조부모님께 하는 모습을 보고 밥상머리 예절을 저절로 배울 수가 있었다. 할아버지 할머니가 수저를 들기 전에는 먼저 수저를 들지 않는다는 것을 부모님의 모습을 통해 알 수 있었다. 할아버지 할머니가 좋아하시는 음식에는 젓가락을 대면 안 된다는 것을 눈치로 알 수 있어서 먹고 싶은 것에 대한 절제와 양보를 배울 수 있었다. 또한 할아버지 할머니는 먹고 싶어 하지만 애써 외면하며 눈치만 보고 있는 손자녀들의 숟가락에 맛있는 반찬을 얹어 줌으로써 아이들은 감사와 배려를 배울 수가 있었다. 세상을 살아가는 데 필요한 사회성 교육이 밥상머리에서 자연스럽게 이루어졌다.

그러다 60~70년대 산업화 과정에 접어들면서 4인이 가족을 이루는 핵가족화 시대가 왔다. 그로 인해 밥상머리 교육도 급격하게 변화를 맞이하게 되었다. 하지만 부모님이 외벌이를 할 때까지만 해도 밥상머리 교육은 어느 정도 유지가 되었다. 경제적인 부분을 담당하는 아버지와 가정에서의 내조와 아이들의 교육을 담당하는 엄마의 역할이 구분되었기에 가능했던 부분이다.

이후 점차 맞벌이 가정이 늘어나면서 식탁의 변화가 본격적으로 시작되었다. 출근과 등교 준비를 하느라 바쁜 아침시간에는 밥을 하거나 여유 있게 밥을 먹는 것도 쉽지 않아 간편식으로 때우거나 아침을 거르고 집을 나서는 경우도 많다. 저녁식사 시간은 아침보다 가족들이 함께 모이기가 더 어렵다. 부부의 퇴근시간이 다르고, 공부에 떠밀려 아이들의 귀가 시간이 달라 온 가족이 한 식탁에 둘러앉아 밥을 먹는다는 것은 어려운 일이 되어 버렸다. 그러자니 밥상머리 교육에 소홀하게 되는 것은 어쩌면 당연한 수순이 되어 버렸을지도 모른다.

가족끼리 밥을 먹으면서 자연히 알게 되는 절제, 나눔, 배려, 존중 등 살아가면서 중요한 덕목들을 배울 기회가 없고, 더불어 살아가는 사회성을 배울 수가 없다 보니 여기서부터 여러 가지 문제들이 발생하는 것이다.

조선시대의 여성 실학자 빙허각 이씨憑虛閣李氏(1759~1824)가 쓴 『규합총서』는 조선시대의 여성들이 생활하는 데 있어서 지켜야 했던

지침서이다. 규합총서에는 사대부가 음식을 접할 때 생각해야 할 다섯 가지 관점에 대해서 쓴 것이 있는데 이를 식시오관食時五觀이라 한다. 식시오관은 다음과 같다.

첫째: 計功多少 量彼來處, 상을 차린 정성을 헤아리고 그것이 어디서 왔는가를 생각한다.

둘째: 忖己德行 全缺應供, 자신의 덕행을 살펴보아 밥을 먹을 자격이 있는지를 생각한다.

셋째: 防心離過 貪等爲宗, 과하게 먹고 싶고 맛난 것을 탐하고 싶은 마음을 절제하는 법도를 생각한다.

넷째: 正思良藥 爲療形枯, 음식을 좋은 약으로 여기고 골고루 먹어라.

다섯째: 爲成道業 應受此食, 일을 이루기 위해 음식을 받아야 함을 생각한다.

위에 열거한 식시오관을 풀어서 간단하게 말하면 음식은 허기를 채워주거나 몸을 살찌게 하기 위해 먹는 것이 아니라 음식이 식탁에 차려지기까지의 수고와 노고를 생각하고, 내가 과연 음식을 먹을 만한 일을 했는지를 생각하며, 음식에 대해 절제를 하고 함께 식사를 하는 사람을 배려하는 법에 대해 생각할 수 있도록 해 준다. 예전에는 이런 가르침을 어렸을 때부터 어른들에게 밥상머리에서 배웠지만 최근의 우리는 바쁘다는 미명하에 소홀히 하거나 간과하고 있다.

벼는 추수를 할 때까지 농부의 발걸음을 아흔 아홉 번을 듣고 자란다고 한다. 그만큼 농부의 노고 끝에 도정을 거치고 다시 몇 차례의 과정을 거쳐 비로소 밥이 되어 우리 식탁에 차려진다. 자녀들에게 식시오관의 깊은 뜻까지 일러준다면 좋겠지만, 그것이 어렵다면 모를 심고 추수를 하여 우리의 밥상 위에 놓인 한 공기의 밥이 될 때까지의 과정을 알려주는 것만으로도 자녀들은 많은 사람들의 수고를 생각하고 밥 한 공기, 쌀 한 톨의 소중함을 알 수 있을 것이다.

이처럼 올바른 식습관과 예절을 가르치는 것은 올바른 인격형성에 도움이 되기 때문에 매우 중요하다. 지금이라도 학교는 물론이거니와 그보다 앞서 가정에서부터 밥상머리 교육을 다시 시작하는 것이야말로 사회가 올바로 서고 가정이 올바로 서며 결국은 내 아이가 올바로 서는 길이다.

케네디가의
밥상머리 교육

　많은 정치인을 배출해냈고 존 F. 케네디를 미국의 대통령을 넘어서 세계의 지도자 반열에 올려놓은 케네디가의 밥상머리 교육은 매우 유명하다. 케네디가의 엄마 로즈 케네디는 자녀들이 식사시간에 조금이라도 늦으면 늦은 자녀의 접시를 치워 버린다. 그만큼 시간과 약속의 중요성을 깨달을 수 있도록 하기 위해서였다.

　반면 우리나라의 엄마들은 어떤가? 아이가 밥을 안 먹고 왔다갔다 딴짓을 하면 밥그릇을 들고 아이들의 꽁무니를 쫓아다닌다. 아이에게 한 숟가락이라도 더 먹이려고 노래를 부르며 아이의 입에 밥을 넣어주고, 다양한 애니메이션 캐릭터들을 흉내 내며 시선을 끌어 입을 꽉 다물고 고개를 젓는 아이의 입을 벌리려고 갖은 애를 쓴다. 밥알을 삼키지 못하고 입에 머금고 있는 아이에게는 연신 물이나 국을 떠먹여서 삼킬 수 있게 한다. 엄마는 할 수만 있다면 대신 먹어주고, 소화까지 시켜주고 싶은 마음이리라.

　케네디가에서는 온 가족이 정확한 시간에 식탁에 둘러앉으면 어머니 로즈는 신문과 잡지의 기사를 미리 훑어보고 토론의 주제가 될 만한 것들을 오려내서 보여 주며 자녀들에게 토론을 시켰다. 온 가족이 함께 모인 식사 시간을 토론의 장으로 만들었던 것이다. 아버지 조지프 패트릭 케네디와 엄마 로즈 케네디를 비롯한 자녀 4남 5녀가 한 자리에 앉아 식사를 하며 토론을 하였다. 막내 에드워드 케네디와 맏이 조지프 패트릭 케네디 주니어의 나이 차이는 무려 17년이지만 나이와 상관없이 모두 참여하여 자신의 의견을 얘기하도록 하였다. 의견을 주고받으며 자연스럽게 토론의 기술을 익힐 수 있었고, 또한 상대방의 말을 경청하면서 자신의 의견을 논리적으로 얘기할 수 있는 법을 익힐 수 있었다. 그로 인해 논리정연한 말을 할 수 있는 훈련이 저절로 되는 것이다.

밥상머리 교육의 중요성은 여러 유명인들의 일화에서 발견된다.

　또한 식탁에서 자주 언급되는 주제는 아버지 조지프 케네디의 사업 얘기나 아버지가 만난 유명인들의 얘기였다. 아버지의 얘기를 들으면서 자녀들은 자연스럽게 미국을 이끌어가는 주류사회의 문화들을 접할 수 있게 된다. 정치와 경제를 이끌어 가는 지도자들의 리더십에 대한 얘기를 들으면서 간접교육을 받을 수 있고, 훈련을 할 수 있는 곳이 바로 식탁이었다.

처음에는 토론을 하는 것이 서툴렀지만 함께 식사를 하는 횟수만큼 토론의 횟수도 늘어나면서 점점 토론에 대한 자신감이 생겼다. 케네디가의 자녀들은 오늘 식탁 위엔 어떤 주제가 오를지에 대한 기대를 점차 하게 되었다. 상대방의 의견을 무시하거나 조롱하지 않는 법을 배우고, 상대방의 의견을 존중하고, 자신의 의견을 논리적으로 말하는 것을 식탁에서 배웠다. 그런 일련의 과정들은 가족 구성원에 대한 관심과 배려가 없이는 이루어질 수 없는 것이고, 그 뒤에는 엄마 로즈 케네디와 아버지 조지프 케네디가 든든하게 버팀목이 되어 주고 있었던 것이다.

그렇게 훈련 받아 온 케네디가의 형제들 중 가장 뛰어났다고 평가 받는 장남 조지프 패트릭 케네디 Jr는 자연스럽게 미국을 이끌어나가는 대통령을 꿈꿨다. 그러나 안타깝게도 제2차 세계대전에 출전하여 전사를 하고 말았다. 그러나 4형제 중 상대적으로 기대를 모으지 못했던 둘째 존 F. 케네디가 미국 대통령에 당선되었고, 셋째 아들인 로버트 케네디 역시 큰형과 더불어 촉망받는 정치가였으며 대통령 후보로 나섰으나 후보 연설 중 암살당했다. 또한 넷째인 에드워드 무어 케네디는 대통령 후보에 출마하려다 포기했다. 이와 같이 4남 5녀의 자녀들 중 4형제 모두 대통령감이 될 수 있었던 것은 엄마 로즈 케네디와 아버지 조지프 케네디의 밥상머리 교육 덕분이라고 해도 과언이 아닐 것이다.

둘째 아들 존 F. 케네디의 대통령 당선 과정이야말로 케네디가의 밥상머리 교육이 인정받는 계기가 되었다. 그는 선거운동기간 내내 상대방 후보였던 베테랑 정치가 닉슨에게 지지도 면에서 열세를 면치 못하였다. 그렇게 끌려다니던 존 F. 케네디는 대선 직전 실시한 TV토론으로 전세를 역전시켰다. 능숙하고 화려한 언변과 논리정연한 말솜씨로 존 F. 케네디는 흐름을 한 순간에 자신에게로 돌리고 유권자들의 마음을 사로잡았다. 존 F. 케네디는 1960년 미국 대통령 선거에서 닉슨 후보를 상대로 승리해 미국의 최연소 대통령에 당선되었다. 당시 표차는 11만 표에 불과했다.

존 F. 케네디가 선거에서 승리하는 데 원동력이 되어 준 TV토론에서 이길 수 있었던 것은 오랜 시간 동안 이어져 온 그의 어머니 로즈의 밥상머리 교육 때문인 것을 부인할 사람은 아무도 없을 것이다.

현대그룹의
밥상머리 교육

　미국에 케네디가의 밥상머리 교육이 있다면 우리나라에는 대표적으로 현대그룹의 밥상머리 교육이 있다.

　현대그룹을 설립한 고 정주영 회장은 자녀교육을 밥상머리에서 시키는 것으로 유명했다. 고 정주영 회장은 새벽 4시에 기상해 5시에는 온가족이 모여 아침을 먹는 것으로 하루를 시작했다. 만약 자녀들이 아침 식탁에 참석하지 못하면 크게 꾸짖었다고 하는데 그만큼 밥상머리 교육의 중요성에 대해서 인식했기 때문일 것이다. 그룹의 총수로 동에 번쩍 서에 번쩍 오대양 육대주를 누비며 매우 바쁜 행보를 했으니 가족의 얼굴을 볼 시간은 새벽시간밖에 없을 수도 있겠지만 여기에는 그의 출생도 관련이 있다.

　정 회장은 가난한 농군의 아들로 태어나 그의 아버지로부터 농부의 부지런함을 보고 배워 실천했다. 아무리 바빠도 아침식사는 가족과 함께하였다는 정주영 회장은 평소 '근면'과 '성실'을 강조하고 몸소 실천하며 말보다는 행동으로 모범을 보였다.

정주영 회장은 선친에게 아침 밥상머리에서 배려와 감사, 겸손 등 기본예절을 배웠다. 그리고 배운 것에서 그치지 않고 대를 이어 자녀들에게 가르쳤다. 또한 밥상머리에서는 회사를 경영하는 경영 수업도 받을 수 있었다.

정주영 회장의 선친으로부터 시작된 근면과 성실은 대를 이어 밥상머리에서 고스란히 이어지는 중이다. 정주영 회장의 밥상머리 교육을 받은 정몽구 회장도 아버지와 마찬가지로 6시 30분에 출근하여 7시에 임원회의를 한다고 하니 아버지의 근면과 성실을 그대로 물려받은 셈이다.

또한 손자인 정의선 회장도 할아버지인 정주영 회장의 품 안에서 밥상머리 교육을 받았다. 그런 때문일까? 여타의 재벌 자녀들이 각종 사건 사고로 사회적 물의를 일으키는 것과는 달리 잡음이 없고 예의범절이 뛰어나다는 평을 듣는다.

정주영 회장의 아버지로부터 시작해서 대를 이어가는 현대가의 밥상머리 교육이 우리나라 재벌에 대한 인식을 바꾸고 있다.

유대인의 밥상머리 교육

　미국 경제를 좌지우지하는 억만장자 앨런 그린스펀, 미국 영화사를 움직이는 할리우드의 거대 손길인 파라마운트, 워너브라더스, 21세기 폭스사를 움직이는 사람들, 영화감독 스티븐 스필버그, 천재 과학자 아인슈타인, 구글의 창립자 래리 페이지, 페이스북 최고경영자 마크 저커버그, 심리학자 프로이트, 팝의 제왕 엘비스 프레슬리, 미 대륙을 탐험한 콜럼버스, 화가 피카소 등 각계각층에서 최고로 손꼽히는 이들의 공통점은 무엇일까? 그것은 바로 유대인이라는 것이다.

　그밖에도 일일이 열거하기도 힘들 만큼 많은 유대인들이 세계를 주름잡고 있으며 세계 100대 기업 소유주의 40%가 유대인이다. 한마디로 유대인이 미국을 넘어 전 세계를 움직이고 있다고 해도 과언이 아니다. 이렇게 세계적으로 각 분야를 대표하는 인물들이 유대인이라는 것은 우리에게 시사하는 바가 크다. 과연 그들에게 어떤 공통점이 있는지를 알아본다면 자녀를 키우는 데 도움이 될 것이다.

요즘 교육계는 유대인의 교육법이 열풍이다. 하브루타Chavruta라고 불리는 유대인의 교육법의 핵심은 질문과 토론, 대화와 논쟁이다.

유대인의 전체 인구는 대략 1,500만 명으로 추정되며 전 세계인 중 약 0.2%에 해당한다. 그에 반해 1901년부터 2017년까지 노벨상을 받은 사람 중 유대인 출신 개인 수상자는 200명으로 전체 수상자의 22%를 차지한다. 공동 수상자까지 포함하면 36%에 해당되고 노벨상 수상자의 1/3이 넘는다. 전 세계 인구의 수에 비하면 실로 놀라운 기록이다. 2000년 노벨 평화상을 받은 고 김대중 대통령을 제외하고 노벨상 수상자가 한 명도 없는 우리나라와는 비교가 된다. 이런 자료를 근거로 하여 세상 사람들은 유대인을 가장 똑똑한 민족이라 칭하기도 한다.

그런데 과연 그럴까? 우리가 흔히 얘기할 때 머리가 좋다는 지표로 IQ점수를 기준으로 삼는다. 이에 IQ점수를 근거로 삼아 IQ점수로만 따져보면 평균 IQ 세계 1위는 놀랍게도 106을 기록한 한국이다. 반면 머리가 좋다고 믿고 있는 유대인의 나라 이스라엘의 평균 아이큐는 우리나라보다 10 이상 뒤진 94이다. 즉 머리가 좋다는 지표로 삼은 IQ점수로만 봤을 때는 우리나라보다 한참 뒤떨어진다는 얘기다. IQ점수로만 놓고 본다면 세계 1위인 우리나라에서 노벨상 수상자가 가장 많이 나와야 하는 것이 맞지만 실상은 그렇지가 않다. 두 민족의 노벨상 수상자는 무려 200:1의 차이가 나니 비교하는 것 자체가 무의미하다. 그렇다면 이런 차이는 어디에서 비롯할까? 그것은 바로 교육법에 답이 있다.

우리나라 교육은 배운 것을 암기하는 주입식 교육법인데 반해 유대인의 교육법은 대화와 질문과 토론이다. 바로 그 중심에 하브루타가 있는 것이다. 유대인의 하브루타 교육은 바로 가정에서부터 시작한다. 노벨물리학상 수상자인 데이비드 그로스David Gross는 "유대인이 과학에서 우수한 이유는 DNA가 아닌 저녁 밥상머리에서 부모가 자녀의 궁금증을 풀어주는 대화 때문이다."라고 했다. 그렇다면 유대인들은 밥상머리에서 어떤 교육을 시킬까?

유대인들이 전통적으로 지키는 안식일은 금요일 해가 떨어지고 난 다음부터 토요일 해가 떨어질 때까지 24시간 동안이다. 안식일에는 기본적으로 아무 일도 하지 않는다. 엄마도 요리를 하지 않고 아이들도 공부를 하지 않는다. 그럼 그들은 그 시간에 무엇을 하는가? 엄마는 미리 이틀 동안 먹을 음식을 준비해 놓고 온전히 가족하고만 대화하고 밥 먹고 보낸다. 아버지는 안식일에는 보통 오후 3시에 퇴근한다. 왜냐하면 충분한 시간을 갖고 가족들과 대화하고 밥 먹는 시간을 갖기 위해서이다.

유대인 부모들은 밥상머리에서 자녀에게 질문을 한 뒤에는 아이의 대답을 재촉하지 않고 충분히 기다려준다. 충분히 시간을 줬을 때 창의적인 생각을 할 수 있다고 믿기 때문이다. 그것은 누구나 마찬가지이다. 시간에 쫓기다 보면 자칫 실수를 하게 되고 실수를 하다 보면 일을 그르칠 수도 있다. 그때그때 상황에 맞게 대응하는 임기응변식의 대답은 할지 몰라도 독창적이고 창의적인 얘기는 나올 수 없다.

유대인의 밥상머리 교육의 그 첫 시작은 엄마가 양초에 불을 켜고 가족을 위해 기도를 함으로써 시작된다. 그 다음에 아버지부터 손을 씻으며 한 주 동안 잘못한 일에 대한 반성을 한다. 아이들에게 말로써 가르치기보다는 먼저 행동으로 모범을 보이는 것이다. 순서대로 가족 모두 손을 씻으며 반성을 한 뒤에는 엄마를 위해 감사의 노래를 한다. 그다음 각 개인별로 체다카Tzedakah라 불리는 기부함에 동전을 넣는다.

유대인의 정체성을 설명할 수 있는 것 중의 하나로 기부 문화가 있는데 유대인들은 아무리 가난한 사람이라도 누구나 기부를 해야 한다고 탈무드에 명시되어 있다. 그래서 어렸을 때부터 체다카라는 개인 자선함을 가지고 있으며 기부와 나눔, 경제에 대한 개념을 체다카를 통해 가르치고 있다.

유대인 엄마들은 자신을 위해 감사노래를 하고 기부를 하는 이때가 인생에서 가장 행복한 순간이라고 얘기한다. 온 가족이 엄마를 위해 감사기도를 한다면 엄마 역시 자신을 인정해주는 것에 감사하고 가족에게 더욱 잘하기 위해 노력하는 선순환의 과정이 반복될 것이다.

유대인의 교육 '하브루타'의 핵심은 아버지와 자녀의 유대다.

유대인의 밥상머리 교육의 마지막은 아버지가 자녀의 머리에 손을 얹고 축복기도를 해 주는 것으로 마무리된다. 이 모든 과정들이 매뉴얼화 되어 있다. 이 내용은 유대인의 율법서인 탈무드 안에 있기 때문에 초보 아버지도 쉽게 따라 할 수 있다. 오늘날 정통 유대인은 10% 미만이지만 그 10%가 나머지 90%를 끌고 가기 때문에 지금까지도 맥이 끊이지 않고 전통을 이어갈 수 있는 것이다.

유대인 교육의 핵심은 아버지이다. 아버지의 아버지 즉 할아버지가 와도, 아무리 높은 사람이 와도, 안식일의 주체자는 아버지이다. 그래서 자녀들에게 있어서 아버지는 절대적인 권위자일 수밖에 없다. 아버지가 주체자가 되어 모세 5경이라 하는 유대인의 성경책인 토라Torah와 유대인의 율법서인 탈무드에 있는 에피소드에 대해 애기하거나 발표를 한다. 그리고 따로 정해져 있는 정답이 없는 질문 교육을 한다.

창의적인 질문이라 함은 바로 정답이 없는 질문이다. 이미 정해진 정답이 아닌 자신만의 해답을 찾아 가는 여정이다. 아버지가 정답이 없는 질문을 하고 아이들은 충분한 시간을 갖고 질문에 대한 대답을 한다. 아이의 답이 비록 엉뚱하다 할지라도 아버지는 그 답에 대한 평가를 하지 않고 있는 그대로 받아들인다. 창의적인 질문에 창의적인 답이 나오는 것은 당연한 수순이며 답에 대한 평가나 판단을 받지 않고 수용됨으로써 보다 다양한 창의적인 답이 도출되는 것이다.

밥상머리 교육에 있어서 아버지의 역할이 중요한 이유는 또 있다. 엄마와 아이는 많은 시간 붙어 있기 때문에 설명을 하는 데 그리 많은 단어가 필요하지 않다. 엄마는 아이의 눈빛이나 몇 마디의 말만 들어도 아이가 하려고 하는 말이나 행동을 미루어 짐작할 수 있다. 하지만 아버지와는 물리적으로 떨어져 있는 시간이 상대적으로 길기 때문에 아버지에게 오늘 하루 동안 있었던 일을 설명하기 위해서는 많은 단어와 어휘력이 필요하다. 그래서 아버지와 함께하는 식탁에서는 자연스럽게 어휘력이 발달하게 되고 그 경험치가 쌓여서 똑똑해질 수밖에 없다. 그런 이유들 때문에 아버지가 함께하는 저녁식사는 아이의 지적인 성장을 위해서도 매우 중요한 것이다.

유대인은 아이들에게 남보다 뛰어난 것이 아니라 남과 다른 것을 찾아 적성에 맞는 교육을 시켜 준다. 남보다 뛰어난 사람은 한 반에 한 명에 불과하지만 남과 다른 사람은 반 학생 전원이 될 수 있다. 모두를 인재로 키우고, 모두를 1등으로 만드는 창의성 교육에 기인한 것이라고 할 수 있다. 즉, No. 1은 한 명밖에 없지만 Only 1은 우리 모두가 될 수 있는 것이다.

우리나라에서도 몇 년 전 전교 학생들 모두에게 각자의 특징에 걸맞은 표창장을 준 교장 선생님이 화제가 돼 뉴스에 나온 적이 있다. 한 명 한 명의 개성을 인정해주는 매우 바람직한 상장의 개념이라고 할 수 있다.

유대인의 창의성 교육의 핵심은 대화와 토론이다. 부모들은 후츠파Chutzpha(뻔뻔한, 오만한, 주제넘은, 용기, 도전) 질문을 중시한다. 유대인들은 나이가 많고 적음, 지위가 높고 낮음에 관계없이 수평적인 관계 속에서 서로 묻고 답하는 것이 습관화되어 있다. 다른 사람의 의견에 의문이 생기거나, 이해가 되지 않으면 질문을 하는 습관이 어릴 때부터 몸에 배어 있다. 밥상머리 교육을 통해 끊임없는 질문과 토론, 논쟁을 했던 것 자체가 그들에게는 공부의 과정이었던 것이다.

우리나라 엄마들은 아이가 학교에 갔다 오면 가장 먼저 무슨 말을 할까? 대부분의 엄마들은 "오늘 선생님 말씀 잘 들었어? 오늘은 학교에서 뭘 배웠어? 알림장 꺼내 봐."라고 물어 본다. 하지만 유대인 엄마들은 다르다. 아이들이 학교에서 돌아오면 "오늘 뭘 배웠니?"가 아니라 "오늘 무슨 질문을 했니?"라고 물어 본다. 공부 잘하고 말 잘 듣는 아이보다는 호기심이 많고 궁금한 것이 많은 아이로 키우는 것이 목적인 것이다. 끊임없이 질문하고 질문을 통해 알아가는 과정을 거치면서 유대인은 창의적인 인재를 키워내고 그 결과 전 세계의 각 분야에서 두드러진 활동을 하고 있는 것이다.

유대인의 전통적 학습법인 하브루타는 둘씩 짝을 지워 토론식으로 공부한다. 경우에 따라 더 많은 수의 학생들이 모여 토론을 하기도 하지만 최대 네 명을 넘지 않고 둘씩 짝을 지워 하는 것을 권장한다. 그렇다면 유대인들은 왜 두 명씩 짝을 지워 토론하는 것을 선호할까? 그 이유는 둘이 토론을 하게 되면 보다 말을 할 수 있는 기회가 많기 때문이다. 집에서와 마찬가지로 학교에서도 토론식 방법으로 교육을 한다. 수업시간에는 선생님이 일방적으로 가르치고 학생들은 배운 것을 암기하는 것이 아니라 학생들끼리 둘씩 짝을 지어 질문하고 답을 찾는 식의 수업을 진행한다. 이런 수업방식은 서로에게 스승이 되기도 하고 학생이 되기도 한다. 서로에게 가르치고 배우는 수업이 되기 때문에 좋은 자극이 되어 가장 최상의 아이디어를 이끌어 낸다.

미국교육연구소National Training Laboratories에서 학습 효율성에 대해 발표한 학습피라미드Learning Pyramid라는 것이 있다. 여러 방법으로 학습한 것에 대해 24시간 후 남아있는 기억을 비율로 나타낸 것이다. 강의를 듣기만 한 경우에는 5%만 기억에 남고 읽기를 한 경우

에는 10%, 시청각 교육을 한 후에는 20%, 시범강의를 보거나 현장
견학을 한 후에는 30%, 그룹으로 토론을 한 경우에는 50%, 직접 체
험해 보는 경우에는 75%, 친구에게 말로 설명해서 가르치고 난 후
에는 90%를 기억한다는 것이다.

우리는 토론이 아닌 일방적으로 수업을 듣고 들은 것을 암기하기
때문에 유대인처럼 친구에게 선생이 되어서 서로에게 가르치는 것
보다 효율성이 떨어지는 것이다. 유대인들은 이와 같이 교실은 물
론이거니와 도서관에서도 두 명씩 짝지어 토론하고 논쟁하느라 왁
자지껄하다. 우리나라 도서관이나 독서실에서는 볼펜 떨어지는 소
리, 상대방의 책 넘기는 소리에도 학생들은 신경이 날카롭게 곤두
서 있다. 그래서 드나드는 입구에 도서관 예절, 독서실 수칙 같은 것
이 붙어 있다. 시끌벅적한 유대인들의 도서관은 우리나라 도서관과
는 사뭇 대조적이다.

이처럼 질문과 대답, 토론, 논쟁 등에 대해 어렸을 때부터 온 가족
이 함께하는 밥상머리에서 교육을 받기 때문에 유대인의 창의성이
세계를 지배하고 있다고 해도 과언이 아니다. 그러면 유대인보다
지능이 뛰어나고 심지어 세계에서 가장 우수한 두뇌를 가진 우리나
라는 어떻게 교육을 해야 할까? 많은 것을 생각하게 해준다.

밥상머리 교육의
장점

　하버드대의 캐서린 스노우Catherine Elizabeth Snow 박사팀의 연구에 의하면 만 3세 어린이가 책읽기를 통해 배우는 단어는 140개에 불과하지만, 가족들과 식사를 통해서 식탁에서 배우는 단어는 무려 1,000개나 된다고 한다. 책읽기 등과 같이 일방적인 지식 전달이 아닌 스스로 식사 시간에 참여하여 가족과 주고받는 대화를 통해 아이의 관심을 끌 수 있기 때문에 집중력과 습득력이 높을 수밖에 없다고 한다. 식사 중 주고받은 많은 단어에 노출된 아이는 당연히 학업성적도 우수하다는 결과가 나왔다고 주장한다.

　이와 같이 식탁에서 가족들과 함께 식사를 하는 것만으로도 아이들은 저절로 똑똑해진다. 다양한 연령대의 가족들과 식탁에서 나누는 대화들을 통해 아이들은 책에서는 배울 수 없는 다양한 단어를 조합할 수가 있는 것이다. 아빠와 엄마의 직장생활에서의 얘기를 들을 수 있고, 사회적인 이슈에 대해서도 알게 모르게 들을 수 있다. 형이나 누나, 언니, 오빠의 학교생활에서의 얘기를 들을 수 있고, 문제가 생겼을 때는 문제를 해결하는 법을 자연스럽게 배울 수도 있다. 아이는 식탁에서 들은 얘기들을 내재화하여 자기 방식대로 조합하고 재해석하는 과정을 거쳐 듣기 영역에서 말하기 영역으로 확장시킨다. 그 과정에서 배우는 것들은 무한한 상상력과 창의성을 불러일으킨다.

가족식사와 학업성취도에 대한 하버드 대학의 연구결과와 비슷한 결과는 우리나라에서도 조사된 바 있다. 전국 100여 개의 중고등학교에서 전교 1등을 한 학생들을 대상으로 가족 식사와 관련하여 설문조사를 진행했다. 그 결과는 놀랍게도 주중 10회 이상 가족과 식사를 했다는 대답이 40%에 달했다. 이 조사를 통해 밥상머리 교육이 학업성취도와 긴밀한 관련이 있다는 것을 보여 준 것이다.

또 다른 연구에 의하면 가족식사와 식사 후 함께하는 활동을 통해 아이들은 안정감을 느낀다고 한다. 부모와 식사를 함께하는 아이들은 우울증도 줄고, 음주, 흡연 등 부적응 행동이나 문제 행동도 줄어든다는 결과가 나왔다.

그러나 이것은 어쩌면 당연한 결과일지도 모른다. 가족 식사를 통해 많은 대화를 나누게 되고 그러면서 자연스레 고민을 얘기하게 된다. 그 고민에 대해 가족이 함께 머리를 맞대고 문제를 해결하는 방법에 대한 대화를 할 것이다. 그 과정을 거치면서 나를 지지해 주는 내 편이 있다는 생각에 마음이 든든하고 안정감을 느낄 테니 우울증이 생길 리 없다. 그러다 보면 가정 문제로 인한 부적응적인 문제들 역시 생기지 않을 것이다. 그러나 음주나 흡연 문제의 경우는 조금 다르게 볼 필요가 있다. 음주나 흡연은 부모의 모범적인 행동이 선행되어야 하기 때문이다. 식탁에서 부모가 무분별한 음주나 흡연을 한다면 그것을 보고 자란 자녀는 별다른 필터링 없이 그대로 받아들여 문제 행동을 유발할 소지도 있으니 유의해야 한다.

단지 가족식사를 함께 했을 뿐인데 내 자녀는 예의바른 아이가 될 수 있다. 가족끼리 밥을 먹는 것 자체가 예절을 배울 수 있는 수업시간이기 때문이다. 식사 예절이나 밥상에 대한 공손한 마음, 맛있는 것은 혼자만 먹는 것이 아니라 함께 나누고 양보하고 절제하며 상대를 배려하는 법을 배울 수 있는 것이다.

그리고 가족이 한자리에 모여서 식사를 하면 비교적 건강해진다. 균형 잡힌 식습관이 형성돼 비만이나 섭식장애, 식이장애 등이 줄어든다. 또한 가족들이 식사를 함께 하면 가족 간에 강한 유대감이 생긴다. 본디 가족을 식구食口라 한다. 한자 '식구'를 풀어 보면 밥을 함께 먹는 사람을 뜻한다.

우리 선조들은 콩 한 알도 나눠먹는다고 했다. 모든 것이 부족했던 시절 못 먹고 없이 살아도 서로 배려하고 나눔으로써 끈끈한 가족 간의 유대가 생긴다고 믿었던 것이다. 가족끼리 밥을 먹으며 다양한 주제로 대화를 하고 가족들에게 인정받는 시간을 가짐으로써 가족에 소속된 행복감을 느낄 수 있는 것이다. 인간의 욕구 중에 인정과 소속의 욕구는 살아가는 데 있어 매우 기본적이고 중요하다. 하물며 그것이 가장 가까운 가족에게서 충족된다면 천하를 얻는 것보다 더 소중한 것이다.

요즘 식당가에서는 노키즈존No Kids Zone 문제가 대두되면서 사람들은 편을 갈라 목소리를 높이고 있다. 노키즈존이 필요하다는 측은 타인을 배려하지 못하는 일부 몰지각한 부모들 때문에 조용히 식사를 하고 싶은 권리가 침해당하고 있다고 주장한다. 식당의 업주 입장에서도 식당에서 뛰어다니는 아이들로 인해 자칫 사고가 나면 모든 책임은 식당의 업주가 져야 하기 때문에 아이들의 출입을 막을 수밖에 없다고 한다. 하지만 노키즈존을 반대하는 목소리 또한 만만치 않다. 내 돈 내고 식당에 가지도 못하느냐, 그것은 차별적이며 우리도 돈을 내고 음식을 먹을 권리가 있다는 것이 주 요지다. 양쪽 모두의 말이 일리가 있다. 대부분의 사람들은 잘하고 있지만 일부 몰지각한 사람들 때문에 선량한 다수의 사람들이 피해를 보는 것이다. 가족식사 시간에 상대방을 배려하고 식탁에서의 매너와 절제 등 밥상머리 교육의 기본을 잘 가르쳤더라면 일어나지 않았을 문제이다.

밥상에 둘러앉은 그 자리는 작은 사회이다. 이곳에서 아이들은 사회성을 기르며 더불어 사는 세상에서 살아가는 지혜를 배우고 익히는 학습의 장이 되는 것이다.

PART 2

자녀교육에서
기다림의
미학이란?

사례: 준비된 사람이 기회를 잡는다

"민혁아~ 밥 먹어."

"지금은 안 돼. 이따 내가 차려 먹을게."

저녁 밥상을 차려 놓고 주방에서 엄마가 민혁이를 부르지만 민혁이는 엄마 말을 가볍게 무시하고 하던 게임을 계속한다.

"아니 저 자식이~"

먼저 식탁에 와서 앉아 있던 아버지가 눈알을 부라리며 당장 쫓아가려는 것을 엄마는 손짓으로 말리고 아버지보다 한 걸음 빠르게 민혁이의 방으로 달려가 문을 벌컥 열고 소리쳤다.

"아빠도 식탁에서 기다리는데 이게 무슨 짓이야. 너 이러다가 아빠한테 또 혼난다. 너 땜에 집안 뒤집히는 꼴 보고 싶어? 아빠 화나면 물불 안 가리는 것 몰라서 이래? 얼른 나와서 잠깐 먹고 들어와 해도 되잖아. 너하고 아빠 사이에서 엄마가 얼마나 힘든지 알아?"

엄마는 아빠가 안 보이게 소리를 치면서도 눈빛으로는 애원을 하면서 민혁이를 달랬다.

"아이~ 엄마는 알지도 못하면서 지금은 내가 빠지면 안 된단 말이에요. 나 혼자 하는 게임이 아니라 다 같이 함께 하는 게임이라 내가 빠지면 나 때문에 우리 팀이 진단 말이에요. 배고프면 이따가 내가 차려 먹는다니까. 엄마가 아빠한테 잘 말씀해 주시고 빨리 나가세요. 나 바빠요."

엄마는 민혁이의 등짝을 후려치며 이 일 이후에 벌어질 일은 엄마는 모른다며 문짝이 부서져라 달았다.

"여보, 지금 민혁이가 배가 안 고프대요. 아까 간식을 많이 먹어서 그런가 봐요. 배고프면 이따 알아서 먹는다니까 그냥 오붓하게 우리끼리 먹어요."

"당신 지금 그걸 말이라고 해? 당신이 이렇게 민혁이를 감싸고 도니까 이 모양이 꼴 아냐. 공부는 바닥을 치고 있는데 방구석에서 맨날 혼자 게임이나 하고 있으니 친구가 있길 해? 학교 다닐 때 친구 관계가 얼마나 중요한데 사회 나가서도 친구가 얼마나 든든한 인맥이 되는데. 이러다가 히키코모리引き籠り 된다고. 이렇게 감싸고 돌 때가 아니란 말이야. 저러다가 대학은 가겠어? 인 서울은커녕 지방대도 못 들어가면 어쩌려고 그래? 하다하다 이제는 아빠가 퇴근해서 들어와도 내다보지도 않고 방구석에서 삐쭉 인사나 하고 집안 꼴 좋다. 내 이 녀석을 오늘 가만 두나 봐라. 내가 컴퓨터를 다 부숴버리고 말지."

아버지는 골프가방에서 골프채를 꺼내려고 수납장으로 갔다. 엄마는 다급하게 남편의 팔을 붙들고 사정을 했다.

"여보, 여보, 제발 잠깐만, 잠깐만 내 말 좀 들어봐요. 내가 이따가 잘 타이를게요. 다시는 이런 행동을 하지 않도록 주의를 시킬게요. 지금 사춘기인데 한창 삐딱하게 나갈 때잖아요. 이러다가 집이라도 나가면 어떻게 해요. 화만 내지 말고 진정하세요. 오늘 일은 나한테 맡기고 저녁은 그냥 당신하고 나랑 둘이서만 먹어요. 아니다, 그러지 말고 우리 맥주 한 잔 하러 나갈까? 그러자. 기분도 별론데 우리 맥주 한 잔 하러 나가요."

엄마는 남편의 불 같은 성격을 알기 때문에 이대로 두면 오늘 무슨 사달이 나도 크게 날 것 같아 남편의 팔을 끌어당기면서 재빨리 겉옷을 챙겨 남편을 현관문 밖으로 밀어낸다. 민혁이가 집을 나갈지도 모른다는 말에 아버지도 슬그머니 화를 거두고 못 이기는 체 한숨을 쉬며 아내에게 등을 떠밀려 집을 나섰다. 민혁 엄마는 하루가 멀다 하고 반복되는 일에 민혁이와 남편 사이에서 아슬아슬하게 줄타기를 하는 심정이다.

위와 같이 민혁이의 학창시절은 부모님과 심한 갈등으로 가출을 꿈꿨을 정도로 힘들었다. 아버지는 고위공직자이었고 엄마는 외할아버지의 뒤를 이어 작은 사업체를 운영하신다. 워낙 바쁘셨던 부모님이었기 때문에 처음에는 민혁이가 컴퓨터 게임에 빠져서 공부를 등한시하는 줄 몰랐다. 비교적 경제적으로 여유가 있었던 편이고 자식이 하나뿐이라서 민혁이가 원하는 것들을 다 들어주셨다.

민혁이 외삼촌은 게임 프로그램 디자이너이고 민혁이를 게임의 세계로 이끈 장본인이었다. 외삼촌은 맞벌이를 하는 부모님을 기다리며 학원을 전전하는 민혁이가 가여웠다. 외삼촌은 늦게 들어오는 부모님을 기다리며 심심할 때 게임을 하면서 시간을 보내라고 민혁이의 방에 컴퓨터 세 대를 연결해 민혁이가 집안에서 게임을 맘껏 할 수 있도록 해 주었다. 그 이후로 민혁이는 컴퓨터 게임에 빠져서 새벽까지 게임을 하다가 학교에 지각하기 일쑤였고 학교에서는 모자라는 잠을 보충하느라 수업시간에는 항상 엎드려 잤다. 그러다보니 성적은 하위권을 맴돌 수밖에 없었다. 뒤늦게 부모님은 그 사실을 알고 민혁이와 심하게 대립을 하게 되었다.

유명 사립대를 나와 승승장구 공직자의 길을 걷고 있는 아버지는 강압적이고 권위적이었다. 게임에 빠져 성적이 바닥을 치고 있는 민혁이의 상황이 못마땅해 아버지는 수시로 폭언을 했다. 그 과정에서 민혁이는 많은 상처를 받았고 가출을 생각하기도 했으나 엄마의 간곡한 만류로 가출을 시도하지는 않았다.

엄마는 민혁이와 아버지 사이에서 이러지도 저러지도 못하고 마음의 병이 커져만 갔다. 고2 겨울방학이 되자 엄마는 민혁이에게 딱 1년만이라도 공부를 하자고 통사정을 해 고액과외를 시켰다. 다행히 고액과외 덕분에 민혁이는 간신히 서울에 있는 대학에 가게 되었지만 아버지는 그마저도 못마땅해 했다. 어쩌다 오다가다 밖에서 마주치면 눈길을 피하고 모르는 사람 대하듯 했다.

　어느 날은 학교 과 점퍼를 입고 걸어오는 민혁이를 보고는 창피하다며 딴 길로 피해 도망치듯 가기도 했다. 오랫동안 집에서 혼자 게임을 하며 대인관계가 원만치 않았던 민혁이는 대학 생활도 그리 순탄치 않았다. 그러던 어느 날 학교에서 보안전문가를 양성하는 화이트 해커를 위한 웹 기술 특강을 듣게 되었다. 워낙 컴퓨터와 친했고 삼촌을 통해 간단한 프로그램을 만드는 기술까지 배웠던 터라 특강 수업은 민혁이의 마음을 흔들어 놓았다. 기본 실력이 있는데다 열심히 배우고 공부하는 모습이 교수님에게 좋은 인상을 심어 주었다. 결국은 그 수업이 인연이 되어 대학을 졸업하고 민혁이는 유명 포털사에 합격을 했다.

　회사에 입사를 하고 나서도 민혁이는 좋아하는 분야라 남들이 피하는 야근을 자청해 배우고 연습하고 또 배우고 연습하였다. 그 모습은 회사 상사들에게도 좋은 인상을 심어 주어 지금은 회사의 일본지사에서 근무를 하고 있으며 곧 미국으로 발령을 앞두고 있다. 아버지와 그토록 갈등을 겪었지만 지금은 전세가 역전되어 아버지는 민혁이를 매우 자랑스러워하며 만나는 사람들마다 아들자랑을 하고 다닌다.

　혹시 내 자녀가 못마땅하고 마음에 안 든다고 애면글면 하는가? 잠시 생각의 관점을 바꿔 보자. 극심한 가뭄에 작물은 타들어 가고 대지는 쩍쩍 갈라졌는데 하늘을 보니 구름이 떠 있다. 그 구름들 중에 과연 어느 구름에 비가 들어 있을지는 아무도 모른다. 비가 내려봐야 아는 것이다. 물론 민혁이의 경우는 운이 좋은 케이스이기는 하다. 부모가 도와주기는커녕 부모와의 갈등을 겪었음에도 본인이 좋아하는 것을 멈추지 않고, 기회가 왔을 때 놓치지 않고 잡았을 뿐만 아니라 스스로 노력해서 그 자리에 올라갔으니 말이다.

개미와
베짱이 이야기

이솝우화에 나오는 개미와 베짱이의 얘기는 모르는 사람이 없다. 내용을 간략하게 요약하면 근면성실의 대명사인 개미는 한여름 뙤약볕 아래에서 겨울을 대비해 열심히 일을 한다. 반면 게으름의 상징인 베짱이는 나무그늘 아래에서 노래만 한다. 그러다 겨울이 오자 배가 고픈 베짱이는 개미의 집을 돌아다니며 먹을 것을 구걸하다가 문전박대 당하고 끝내는 굶어 죽는다는 내용이다.

그러나 개미와 베짱이의 우화는 각 나라마다 다양하게 해석을 하여 앞부분은 같지만 결말은 조금씩 다르게 변주되었다.

우선 일본판 개미와 베짱이의 결말을 보면 겨울이 되어 베짱이는 개미에게 먹을 것을 구걸하러 찾아가서 문을 두드렸다. 그런데 개미가 나오지 않아 열려 있는 문을 살그머니 밀고 들어가 봤더니 개미가 죽어 있었다. 개미는 겨울을 대비해 여름 내내 열심히 일을 했지만 막상 겨울이 되자 쌓아놓은 양식을 먹어보지도 못하고 과로사 했다는 슬픈 이야기로 끝을 맺는다.

공산국가인 쿠바와 러시아는 사회주의 국가답게 소득과 분배의 중요성을 결말에서 다뤘다. 두 나라 모두 겨울이 되어 먹을 것을 구걸하러 찾아온 베짱이와 사이좋게 나눠 먹는다. 하지만 쿠바는 개미와 베짱이 모두 잘 먹고 잘 살았다는 해피엔딩으로 끝을 맺지만 러시아는 혼자 먹어야 할 식량을 둘이서 나눠 먹다가 이듬해 봄이 되자 식량이 모자라 결국 둘 다 굶어 죽었다는 새드엔딩이다.

한편 미국판 개미와 베짱이의 경우는 반전의 반전이 거듭돼 보다 드라마틱하다. 겨울이 되어 베짱이가 개미의 집을 찾아갔는데 너무 열심히 일한 개미는 그 여파로 허리디스크에 걸려 시름시름 앓고 있었다. 개미는 몸이 아픈 자신의 앞날도 불투명하기에 베짱이에게 문을 열어주지 않고 쫓아냈다. 개미의 집에서 쫓겨나 집에 돌아온 베짱이는 슬픔에 겨워 구슬프게 노래를 불렀다. 그런데 마침 베짱이의 집 앞을 지나가던 음반 기획자가 베짱이의 노래를 듣고 감동을 해 캐스팅을 했다. 베짱이는 앨범을 내고, 유명한 가수가 되어 돈 방석에 앉는다는 극적인 반전이 펼쳐진다.

하지만 여기에서 끝이 아니라 다시 한 번의 대반전이 있다. 개미는 솜씨 좋은 명의를 만나 전 재산을 털어 허리디스크를 고친 다음에 더 열심히 일을 해서 부를 축적한다. 반면에 베짱이는 주체할 수 없는 부에 취해서 마약과 도박, 술과 여자에 빠져 다시 빈털터리가 되었다는 결말로서 미국의 현실을 빗댄 웃기고 슬픈 결말이다.

그 외에도 개미와 베짱이는 우리나라에서도 시대상에 맞춰 다양한 결말을 끊임없이 변주해 내고 있으며 지금도 결말의 변주는 현재진행형이다.

원래 이솝우화에 나오는 개미와 베짱이의 교훈은 대다수의 이솝우화가 주는 교훈들처럼 단순하고 명확하다. '열심히 일한 개미는 살아남고 게으른 베짱이는 굶어 죽으니 지금 당장은 힘들어도 다가올 미래를 위해 한 눈 팔지 말고 열심히 일을 하자.'이다. 하지만 근면성실함의 개미는 현대사회에서도 그대로 적용되는가? 요즘 세태를 보면 절대 그렇지 않은 것 같다.

한 번뿐인 인생 즐기며 살자는 YOLOYou Only Live Once의 열풍이 세계적으로 한차례 휩쓸고 갔다. 또 어느 한 직장에 매여 일을 하면 놀고 싶을 때 못 놀고, 내가 하고 싶은 일을 할 수 없다는 생각에 일정한 직업 없이 돈이 필요할 때만 아르바이트를 하는 프리터Free+Arbeit족이 신개념의 직업으로 등장했다. 그리고 일도 중요하지만 개인적인 생활도 포기할 수 없으니 일과 생활의 균형을 잡자는 워라밸Work & Life Balance을 중요시하는 사람들이 점점 늘어나고 있다. 이처럼 다양한 삶의 형태를 추구하는 요즘 세대의 젊은이들에게 개미의 근면성실함은 더 이상 먹히지 않고 있는 것 같다.

80 : 20의 법칙

그러나 우리가 알고 있는 근면성실함의 대명사인 개미에게도 숨겨진 비밀이 있다. 그것은 바로 80 : 20 의 법칙이다.

19세기 이탈리아의 경제학자이자 사회학자인 빌프레도 파레토 Vilfredo Pareto(1848~1923)가 우연히 개미를 관찰하다가 발견한 법칙이며 추후 벌에서도 같은 법칙이 적용되고 인간에게도 적용이 되는 것을 알게 되어 파레토의 법칙이라고 한다. 처음 파레토가 개미를 관찰한 바에 따르면 개미사회에서는 20%의 개미만이 일을 하고 나머지 80%는 그저 할일 없이 왔다 갔다 할 뿐이라고 한다. 개미는 부지런하다는 통념과는 전혀 다른 결과이다.

개미는 겨울을 위해 열심히 일하지만 모든 개미가 그렇진 않다.

그런데 보다 흥미로운 사실은 그토록 열심

히 일하는 20%의 일개미들을 모아 놓으면 그들은 모두 열심히 일을 할 것 같지만, 그중에서도 역시 20%만 일을 하고 나머지 80%는 또 그저 휩쓸려서 왔다 갔다 할 뿐이라고 한다. 그렇다면 반대로 일을 하지 않는 80%의 개미들을 모아 놓으면 어떨까? 일하는 개미가 없어 모두 굶어 죽는 사태가 벌어지지 않을까? 관찰 결과 놀랍게도 분리된 80%의 개미들은 모두 일을 안 하고 쓸데없이 왔다 갔다 할 것 같지만 그 안에서도 열심히 일하는 20%가 있다고 하니 정말 아이러니가 아닐 수 없다. 멀리서 바라보는 우리 인간들은 그렇게 할 일 없이 휩쓸려서 왔다 갔다 하는 80%의 개미들을 보고 열심히 일을 한다고 믿는 것이다.

이렇듯 우리가 이제까지 들었던 개미에 대한 허상을 알게 된다면 더 이상 우리아이들에게 개미가 근면성실의 아이콘이니 너도 겨울을 대비하는 개미처럼 열심히 살라고 할 수만은 없을 것이다.

개미와
거미

개미 같은 자녀를 원하는가? 거미 같은 자녀를 원하는가?

거미가 먹이를 잡는 법을 보았는가? 거미는 거미줄을 쳐 놓고 살아 있는 먹잇감이 걸려들기를 기다린다. 거미줄에 먹잇감이 걸려들면 천천히 다가와 먹잇감에게 소화액을 주입해 녹인 후 액체 상태로 만들어 빨아 먹는다.

거미가 먹이를 기다리기 위해 쳐 놓은 거미줄의 신비로움은 우리가 생각했던 것보다 훨씬 대단하다. 거미가 만들어 내는 거미줄은 강철보다 5배나 강하고 나일론보다 2배나 탄력성이 좋으며 심지어는 방탄조끼를 만드는 케블라보다 강한 소재이다. 거미줄은 하나의 중심에서부터 계속 밖으로 뻗어나가 갈수록 커지는 나선형의 구조를 갖고 있으며 여기에 먹잇감이 한번 걸리면 거미줄의 특성상 빠져나갈 수가 없다.

거미는 줄을 칠 때 세 종류의 줄을 사용한다. 제일 먼저 세 줄 가운데 가장 굵고 탄력이 좋으며 잘 달라붙는 발판 줄을 서너 가닥 엮는다. 그다음, 발판 줄보다는 가늘지만 역시 잘 달라붙는 특성을 가진 줄로 세로 줄을 친다. 마지막으로 나선형으로 된 가장 가늘고 잘 끊어지며 이 역시 잘 달라붙는 재질로 가로 줄을 엮어 거미줄을 완성한다. 그러니 달라붙은 먹잇감이 빠져나갈 길은 요원하기만 하다.

혹시 먹잇감의 무게나 다른 이유 때문에 거미줄이 끊어지면 거미는 재빠르게 거미줄을 보수하고 나서 다시 먹잇감을 기다린다. 거미줄을 쳐놓고 먹잇감이 걸려들기만을 하염없이 기다리고 또 기다리기 때문에 거미는 기다림마저 미학으로 실천하는 대표주자인 셈이다.

거미집은 매우 정교한 일종의 '플랫폼'이다.

이처럼 거미는 한가하게 거미줄을 쳐놓고 먹잇감만 기다리는 것처럼 보이지만 그 속내를 들여다보면 매우 과학적이며 정교한 작업을 하고 있는 것이다. 이 세상에는 3만여 종류의 거미가 살고 있고 우리나라에도 600여 종류의 거미가 살고 있지만 거미가 짓는 거미줄은 단 하나도 똑같은 모양이 없다. 장소에 따라 환경에 따라 위치에 따라 날씨에 따라 거미줄은 각양각색의 모양을 하고 있다. 상황에 맞춰 거미줄을 치는 거미의 창의성은 놀라울 정도이다. 거미는 남과는 다른, 자신이 처한 환경에 꼭 맞춘 자신만의 집을 짓고 먹잇감이 걸려들기를 기다리며 꼼짝 않고 기다리는 것이다. 끈기와 인내와 기다림, 그리고 창의성이야말로 거미를 대표하는 단어라 할 수 있을 것이다.

우리가 알고 있는 WWWWorld Wide Web는 세계적인 규모의 거미줄 모양 망이라는 뜻이다. 21세기에 사는 우리의 자녀들은 우리와는 비교가 안 되게 인터넷을 잘 다룬다. 흔히 밀레니얼 세대Millennial Generation라 불리는 이들은 1980년대 초부터 2000년대 초까지 출생한 세대를 말한다. 이들은 어렸을 때부터 정보통신기술IT의 과도기를 겪은 세대로서 컴퓨터 기기 및 모바일 기기의 활용력이 다른 세대에 비해 탁월하다. 2010년 이후 사회를 이끌어갈 주역으로 성장하고 있으며 혁명이라고 불리고 있는 4차 산업을 이끌어갈 주인공들이다.

4차 산업의 시대를 살아가야 하는 우리 자녀들을 더 이상 성실과 근면이라는 개미의 프레임에 가두지 말고, 거미줄을 쳐 놓고 먹잇감을 기다렸다가 한순간에 먹잇감을 낚아채는 거미가 되도록 길러야 한다.

현대는 개미처럼 몰려다니며 일을 하는 시대가 아니다. 한 사람 한 사람의 개성과 창의성을 중요하게 생각하는 시대인 것이다. 첨단 정보화 시대에 인터넷이라는 공간에서 거미줄을 쳐 놓고 네트워킹Networking을 한 뒤 한 번에 공략을 해서 성공할 수 있는 자녀로 만들어야 한다.

과거에는 개미사회였다면 이제 앞으로는 거미사회이다. 거미가 되기 위해 준비하고 있는 자녀들을 개미처럼 성실하지 못하고 베짱이처럼 게으르다고 야단을 치며 개미가 되도록 종용할 것이 아니라, 부모가 먼저 깨어서 거미 사회에 대비해 자녀가 그에 대해 준비할 수 있도록 도움을 주고 함께 기다려 주는 부모가 되자.

모소대나무

중국 극동부 지방에서 자라는 모소대나무가 있다. 대나무 중에서도 귀한 편이어서 희소가치가 꽤 높다. 이 대나무는 씨를 뿌리고 나서 4년 동안은 아무리 물을 주고 가꾸어도 3cm 정도밖에는 자라지 않는다. 하지만 5년째가 되는 해에 손가락만 하던 죽순이 성장기에 이르러 하루에 30cm씩 자라며 폭발적으로 성장한다. 그 후 6주가 지나면 15m 이상 자라나 4년 동안 휑했던 대나무 밭이 울창한 대나무 숲으로 변한다. 이런 상황을 잘 모르는 사람들은 한두 달 만에 엄청난 높이의 대나무 숲이 생기는 기적 같은 상황에 놀라움을 금치 못한다.

그렇다면 이렇게 한두 달 만에 급성장할 수 있었던 모소대나무는 왜 지난 4년 동안에는 자라지 않았을까? 모소대나무는 3cm 남짓 되는 순만 틔워 놓고 4년의 시간 동안에는 무엇을 했을까? 여기에 의문을 가진 사람들이 궁금증을 풀기 위해 땅을 파 보았다. 그런데 놀랍게도 모소대나무는 수백㎡에 달하는 넓이만큼 뿌리를 내리고 있었다. 겉으로 보기에는 전혀 자라지 않은 것처럼 보였던 모소대나무는 땅속에서 넓고 깊게 뿌리를 내려 땅속 자양분을 흡수하고 있었던 것이다. 우리 눈에 보이지 않는 시간 동안 모소대나무는 튼튼한 뿌리를 내리며 성장을 준비하고 있다가 때가 되어 폭발적인 성장을 하는 것이다.

모소대나무는 4년에 걸쳐 그렇게 넓고 단단하게 뿌리를 내렸기 때문에 하루에 30cm가량 쑥쑥 자라도 그 무게를 거뜬히 견딜 수 있다. 최대 30m까지 자라기도 한다니 경이롭기까지 하다.

이렇게 자란 모소대나무는 다른 대나무와는 비교할 수 없이 굵고 크게 자라서 폭풍이 몰아쳐도 꺾이거나 부러지는 법이 없다. 그 뿌리가 깊게 내려 있기 때문에 사시사철 짙푸르며, 아무리 심한 가뭄에도 쉽게 시들지 않는다. 영화 '와호장룡'에서는 대나무 숲에서의 결투장면이 유명하다. 흰 옷을 입은 주인공들이 흔들리는 초록색 대나무를 옮겨 다니며 결투를 하는 장면은 영화의 명장면으로 꼽힌다. 와호장룡의 아름다운 대나무 숲에서 펼쳐지는 무술 장면을 촬영한 곳이 바로 이 모소대나무 숲이었다. 모소대나무의 성장과정에는 그런 4년 동안의 준비가 있었기 때문에 사람이 타고 올라가서 격렬한 결투 장면을 연출했어도 끄떡없었던 것이다.

모소대나무의 성장력은 뿌리에서 온다.

　이와 같이 우리 아이들도 지금은 부모의 기대에 못 미치는 것 같지만 성장을 하기 위해 깊게 뿌리를 내리고 있는 중이다. 때를 만나면 폭발적인 성장을 하기 위해 느리고 더디게 준비를 하는 과정인 것이다. 발달과정상 사춘기 때는 육체적으로도 인지적으로도 폭발적인 성장을 하는 시기이다. 옆집 아이에 비해 왜 우리 아이는 더디냐고 조급해할 것이 아니라 자녀에 대한 믿음과 인내심을 가지고 기다려 준다면 눈에 안 보이는 곳에서 뿌리를 내리고 있다가 때가 되면 폭발적인 성장을 할 것이다. 마치 모소대나무처럼.

　이때 부모가 할 일은 거미줄을 쳐놓고 먹이를 기다리는 거미처럼, 모소대나무가 폭발적인 성장을 하기 위해 4년 동안 땅속 깊이 뿌리를 내리고 있는 것처럼 아이에 대한 민감성을 가지고 기다려 주는 것이다.

자녀를 향한 기다림이란 지루하고 답답하고 미래를 예측할 수 없어 자칫 불안할 수도 있지만 한편으로는 행복하고 설레는 일이 될 수도 있다. 자식의 변화와 성장을 기다리는 일인데 기대와 더불어 무한한 행복함이 있지 않을까?

PART 3

현실에
맞는
성교육

사례: 알고 싶지 않은 내 아이의 성

초등학교 1학년 아영이는 쉬는 시간이면 책상 모서리에다 자신의 성기 부분을 살살 문지르며 눈을 지그시 감는다. 잠시 그렇게 있다가 언제 그랬냐는 듯이 배시시 웃으며 친구에게 다가가 같이 놀자고 한다.

중1인 영훈이는 반에서 키가 제일 작고 기철이는 반에서 키가 제일 크다. 둘은 꺼꾸리와 장다리처럼 하루 종일 붙어서 지낸다. 예전에는 새 학기가 되어 반이 정해지면 담임선생님들은 아이들을 복도로 불러서 줄을 세웠다. 멀찍이서 일렬종대로 서 있는 모습을 보기도 하고 의심쩍으면 서로 뒤돌게 한 다음 정확하게 키를 쟀다. 그리고 보기에 적절하다 싶으면 반으로 들어가서 앞에서부터 키 순서대로 자리를 앉게 했다.

그러다보니 대부분 자기 주변이나 앞뒤에 앉아 있는 친구들끼리 친하게 지내기 마련이다. 그야말로 고만고만한 친구들끼리 친하다. 키가 작은 친구들은 작은 친구들끼리, 키가 큰 친구들은 큰 친구들끼리. 그렇게 한 학기를 지내거나 심한 경우에는 1년을 유지하는 경우도 있다. 성장기의 친구들은 하루하루가 다른데 그런 것을 고려하지 않았다. 보편적으로 앞쪽에 앉아 있는 친구들과 뒤쪽에 앉아 있는 친구들은 물리적인 거리가 있어서 서로 배타적이었다. 키 큰 친구들은 키가 작은 친구들을 아래로 내려다보며 아무것도 모르는 동생 취급하기 일쑤였고 앞에 앉은 친구들은 뒤에 앉은 친구들을 불량학생 취급하기도 했다.

그러나 요즘에는 모둠 작업을 많이 하기 때문에 앞만 보고 앉는 경우보다는 서로 마주보며 활동을 할 수 있도록 모둠별로 책상을 배치해 놓는다. 그리고 경우에 따라 한 달에 한 번씩 짝을 바꾸기 때문인지 키와는 상관없이 코드가 맞는 친구들과 친하게 지내는 경우가 많은데 영훈이와 기철이가 여기에 해당된다.

영훈이와 기철이는 외모에서 풍기는 키의 차이로 인한 첫인상과 달리 죽고 못 사는 사이다. 너무 친한 탓에 수업에 방해가 돼서 다른 모둠으로 갈라놓아도 어느 샌가 둘은 붙어 있다. 수업이 진행되는 것에는 아랑곳하지 않고 둘은 눈을 마주치거나 속삭이고 낄낄거리며 딴짓을 한다. 그 시기에는 구르는 낙엽만 봐도 배를 감싸고 웃을 때라 수업에 크게 지장을 주지 않는 한 지켜보고 있는 편이다.

어느 날엔가 수업을 하는 동안 영훈이는 책상에서 단소를 꺼내들더니 기철이에게 눈짓을 한다. 기철이가 영훈이를 쳐다보자 영훈이는 단소를 두 손으로 감싸 쥐고 손을 위아래로 흔들며 자위행위를 하는 표정을 짓는다. 기철이는 그 모습을 보더니 우스워 죽겠다고 손뼉을 치며 배를 잡고 웃는다.

다행히 주변 여자 친구들이 그 모습을 보기 전에 내가 먼저 보았다. 나는 단소를 뺏고 둘을 교실 뒤에다 세워 놓았다. 하지만 조용한 것도 잠시 다시 사물함 위에 있는 축구공을 발로 차며 주거니 받거니 장난을 친다.

중3인 유석이는 수업 중에 자위행위를 하다가 소리를 듣고 쳐다보던 여학생들에게 적발되었다. 교실은 여학생들의 비명소리로 아수라장이 되었고 울음을 터뜨리는 여학생들도 있었다. 긴급 학교폭력위원회가 열렸고 아이들과의 격리가 필요하다고 판단되어 상담실에 왔다.

유석이 엄마는 유석이가 어렸을 때 아버지의 폭행으로 견디다 못해 집을 나갔고, 지금은 아버지와 할머니, 남동생과 함께 살고 있다. 유석이 아버지는 막노동을 해서 집안을 꾸려 나가는데 요즘에는 경기가 안 좋아 일자리를 구하기가 어렵다. 그러다보니 일을 하는 날보다는 술을 마실 때가 더 많다. 당연히 자녀 교육에는 관심도 없다. 유석이는 아버지에게 일주일에 2,000원의 용돈을 받는다. 하지만 그 돈으로는 학교까지 가는 버스 이용료를 내기에도 모자라 집에서

한 시간 거리를 걸어서 등하교를 한다. 친구들과 하교 후에 군것질을 하는 것은 상상도 할 수 없는 일이라 자연히 친구들과 어울리지 못하고 홀로 다닌다.

교실처럼 공개된 장소에서 그것도 수업시간에 자위행위를 한다는 것이 도저히 상상이 안 되지만 눈앞에서 벌어진 현실이었다. 유석이는 술 마시고 가족 모두에게 폭언을 하고, 동생과 자신의 교육을 등한시하는 아빠에 대한 불만이 팽배했다. 이 지옥 같은 상황을 벗어나는 길은 아르바이트를 해서라도 빨리 독립해서 집을 나가는 것뿐이라고 한다.

고1인 민준이는 초등학교 4학년 때부터 친구들과 음란물 영상을 함께 보다가 자위를 하게 되었다. 처음에는 호기심에 시작을 했지만 몇 번을 해보니 행위에 매료되었고 일주일에 한두 번씩 하던 것이 이제는 하루에도 몇 번씩 하게 되었다. 얼마 전부터는 인터넷에서 기구를 구입해 사용하는 지경에 이르렀다. 무리한 자위행위 탓에 지난주에는 성기에 상처가 생겨서 엄마 몰래 비뇨기과에도 갔다왔다. 의사선생님은 자위행위가 나쁜 행동은 아니나 너무 심하게 하면 여러 가지 부작용이 따를 수 있다고 주의를 주었다.

세상의 모든 여성들이 민준이 상상 속의 대상자였다. 점점 자위행위에 탐닉하고 있는 자신의 모습에 죄책감도 함께 커져 간다. 이제는 그만두고 싶으나 거기에 빠져서 헤어 나오지 못하고 있는 자신이 한심하게 여겨진다. 공부에 집중을 할 수도 없고 성적은 점점 떨어져서 이러다가는 대학에 갈 수도 없을 것 같은 불안감이 든다. 아무래도 심각한 중독인 것 같은데 혼자 해결할 수가 없어서 도움을 청하러 왔다고 한다. 얼굴이 유달리 하얀 민준이는 눈을 마주치지 못하고 시종일관 고개를 숙인 채 조심스럽게 얘기를 했다.

성폭력이
미치는 영향

　최근 성남에 위치한 유치원에서 또래들이 여자아이에게 성폭행을 해서 사회적으로 크게 문제가 되었다. 이 사건에서 보다시피 청소년들의 성과 관련된 경험은 점점 저연령화 되고 있다. 성폭행과 관련한 사건은 피해자와 가해자 양측 모두 쉬쉬하기 때문에 겉으로 드러나지 않을 뿐 실상은 훨씬 더 심각한 상황이다.

　최근 초등학생들의 성 관련 범죄의 심각성은 성인들 못지않은 수준이다. SNS로 음란물을 올려 친구들과 함께 돌려보기도 하고 원치 않는 상대에게 무차별적으로 전송하기도 한다. 여기에 그치지 않고 더 나아가 실제로 성추행이나 성폭행의 범죄를 저지르기도 한다.

　그러나 가해자들의 연령이 낮은 탓에 처벌 수준은 미미하다. 국민권익위원회가 2015년부터 2017년까지 3년간 국민신문고에 접수된 성폭력 민원을 분석한 결과 초등학생 간에 성폭력으로 발생한

민원이 89건으로 중학생 66건, 고등학생 27건, 대학생 27건의 수를 넘어서는 결과를 보였다. 8세에서 13세에 해당하는 초등학생들은 형사법상 미성년자로 분류되기 때문에 형법에 저촉되는 행위를 하더라도 만 10세 이상에서 14세 미만에 해당하는 촉법 소년이다. 그러다 보니 소년원에 격리 수용되는 청소년과 달리 초등학생의 경우는 보호관찰을 받게 된다. 보호관찰은 실형을 받는 대신 일반적인 생활을 하면서 일정 기간 동안 보호관찰관의 지도와 관리를 받는 제도이다. 가해자가 별다른 제재 없이 평소와 다름없는 생활을 하기 때문에 피해자 입장에서는 언제 어디서 가해자와 마주칠지 모르는 극도의 불안함을 안고 생활할 수밖에 없다.

성폭력 범죄는 아무리 오랜 세월이 흘러도 기억에서 사라지지 않는 특성이 있다. 그렇기 때문에 평생 동안 본인의 의지와 상관없이 불수의적으로 떠오르는 기억에 몸서리치며 살아야 한다. 그래서 여타의 범죄와는 또 다른 양상의 중대한 범죄이다. 삼성서울병원 정신건강의학과 홍진표 교수팀이 2019년 실시한 연구에 따르면 성폭력을 당한 여성들은 그렇지 않은 여성들에 비해 정신 장애를 겪을 확률이 월등히 높다는 연구 결과가 나왔다. 일반 물리적 폭력을 당한 경우 외상 후 스트레스 장애 발병률이 6배이지만 성폭력을 당한 후에 겪는 외상 후 스트레스 장애 발병 확률은 무려 32.4배에 달한다.

또한 외국의 연구에서도 외상 후 스트레스장애PTSD, Post Traumatic Stress Disorder 발생의 원인이 되는 천재지변, 전쟁, 고문, 폭력 등 외상에 노출되는 빈도는 남자가 훨씬 다양하고 높지만 막상 PTSD 발병률로만 놓고 보면 여성이 남성의 2배 이상 높다. 그 원인의 대부분은 성폭력으로 인해 발생한다는 연구 결과가 나온 바 있다. 즉 남성이 전쟁, 고문, 폭력 등 다양한 원인으로 PTSD가 발생하는 데 비해 여성의 경우에는 성폭력 한 가지만으로도 남성의 PTSD 발병률의 두 배가 되는 것이다. 성폭력을 당한 여성 중 무려 절반 정도의 여성이 외상 후 스트레스 장애를 겪는다. 그만큼 성폭력 범죄는 여성들에게 있어 치명적인 사건이다.

다양한 연구 결과가 말해주듯이 성과 관련된 교육은 매우 중요할 수밖에 없고, 될 수 있으면 어렸을 때부터 교육이 되어야 하는데도 불구하고 이처럼 중요한 성교육에 대해 우리나라는 너무 의례적으로 하고 있다.

2016년 청소년 68,043명을 대상으로 한 질병관리본부의 조사에 따르면 실제 성관계를 시작한 연령이 놀랍게도 13.6세로 조사됐다. 수치가 말해주듯이 성관계 시작 연령이 점점 낮아지고 있다. 하지만 성경험이 있는 청소년들 중 40%는 피임을 하지 않는다. 청소년들이 피임을 하지 않는 가장 큰 이유로 49.2%가 피임도구를 미처 준비하지 못했기 때문이고 33.1%는 상대방이 원치 않기 때문이라는 것이 한국보건사회연구원의 조사 결과이다. 어린 나이에 감당하기 힘든 임신을 방지하기 위해서도 청소년들에게 성교육은 반드시 필요하다.

해외
성교육 양상

　해외 각 나라에서의 성교육 실태와 우리나라의 성교육 실태를 비교해 봄으로써 우리나라 성교육의 문제점이 무엇인지를 더 잘 알 수 있다.

　우선 프랑스에서는 성교육을 통해 학생들이 사회와 학교 안에서 일어나는 성차별적 성폭력에 대해 성찰할 수 있도록 하는 것을 강조하고 있다. 이에 따라 교육방식에 있어서도 흥미 없는 이론 수업이 아닌 학생들이 활동하고 사고하는 참여 수업이 될 수 있도록 하고 있다. 또한 미디어나 오랜 시간 동안 전통적으로 이어져 내려온 지배적인 사회 규범에

인터넷 미디어의 세계에서 성교육은 더욱 중요해지고 있다.

의해 습득돼 정형화된 여성과 남성에 대한 관념이나 성 역할과 관련해서 여학생들과 남학생들이 자유롭게 의견을 제시하고 대화를 나눌 수 있는 토론으로 구성하였다.

마크롱 프랑스 대통령은 '성 평등 실현'을 임기 중 주요과제로 설정하는 등 정부차원에서도 성 평등 실현을 위한 정책을 다각도로 추진 중이다. 프랑스에서는 일 년에 세 번의 성교육을 의무적으로 시행하고 있다. 또한 그때그때 이슈가 되는 특정 주제를 정해서 그에 대해서 다루거나 경우에 따라 학생들의 요청이 있을 시에는 여학생과 남학생을 분리해 교육할 수 있도록 했다.

프랑스 성교육의 장점은 우리나라처럼 딱딱하고 지루하며 일방적인 주입식 교육이 아니라 함께 토론하고 참여하는 수업을 유도하는 것이라 할 수 있다. 우리나라도 교사나 강사에 의한 일방적인 주입식 교육보다는 학생들 스스로 토론하고 적극적인 참여를 유도함으로써 보다 자발적인 성교육이 될 수 있도록 하는 것이 효과가 더 좋을 것이다.

프랑스 성교육의 특징 중 하나는 성병을 중심으로 한 성교육을 하는 것이다. 19세기 프랑스 파리의 인구 19%가 매독환자였던 아픈 역사가 있었기 때문에 프랑스인들은 성병에 대한 두려움이 있다. 그래서 13세부터 18세까지 청소년을 대상으로 성교육을 할 때 성병에 대한 교육을 중요하게 다룬다. 성병에 걸렸을 경우 발생하는 증상과 관련하여 자극적인 사진과 영상들을 보여줌으로써 경각심을 높여 준다. 마치 담뱃갑에 과도한 흡연을 할 때 발생할 수 있는 질병에 관한 사진을 집어넣는 것과 같은 이치이다. 그 방법은 매우 효과적이어서 성교육이 끝나면 학생들은 자발적으로 비치해둔 콘돔을 가져간다.

　독일의 경우를 살펴보면 가정뿐만 아니라 학교와 지역의 병원 등 사회적으로 연계된 성교육 시스템을 갖추고 있다. 독일 성교육의 특이한 점은 이주민에 대한 성교육에 힘쓰고 있다는 사실이다. 우리나라도 점점 외국인 노동자나 난민 등의 이입이 늘어나고 있으며 이미 다문화 사회에 접어들었기 때문에 이런 부분은 벤치마킹할 필요가 있다고 생각한다.

　그리고 독일의 경우에는 성교육이 학교 내에서만 이루어지는 것이 아닌 지역 내에 있는 학교, 병원, 사회적 단체가 함께 유기적으로 협력하여 학생들의 성교육을 지원하고 있다. 학교의 성교육만으로 부족한 부분을 각 기관과 다양한 분야에서 협력, 연계하여 성교육을 시행한다는 점이 독일의 가장 큰 특징이자 장점으로 꼽을 수 있다.

　우리나라도 학교와 병원이 연계되어 성 관련 교과의 교사 인력 부족 문제를 해결함과 동시에 교사가 잘 알 수 없는 전문적인 부분에 대해서 전문가가 알려준다면 전문성 확보 차원에서도 유용할 것이다. 한 명의 보건교사가 모든 것을 소화하기는 현실적으로 어려우므로 인력부족 문제를 외부와 연계해 일회성의 강의에 그칠 것이 아니라 지속적으로 진행한다면 좋을 것이다.

스웨덴의 성교육을 보면 세계 최초로 만 4세 이상 유아의 성교육을 의무화한 것이 눈에 들어온다. 중학교에서부터 피임방법을 알려주고 콘돔을 무료로 제공한다. 또한 스웨덴 성교육에서 강조하는 것은 더블 더치double dutch 피임이다. 피임을 한 사람에게만 맡기는 것이 아니라 여성은 피임약을, 남성은 콘돔을 준비함으로써 피임을 각자 알아서 준비하는 것을 말한다. 두 사람 모두 피임을 함으로써 한 사람에게 일방적으로 피임을 맡겼다가 생길 수 있는 실수의 확률을 줄일 수 있으며 성병 예방에도 도움이 된다. 어려서부터 지속적인 성교육을 받기 때문에 스웨덴 청소년의 89%는 피임이 매우 중요하다는 것을 잘 알고 있다. 스웨덴에서는 중학생부터 25세까지의 청소년들을 위한 별도의 산부인과가 마련되어 있어 성병검사와 콘돔을 제공하고 있다. 또한 학생들이 성별에 따라 관심사나 역할 및 직업 등을 나누는 성 고정관념을 갖지 않도록 학교에서 교육을 하고 있다. 학교의 모든 교과목은 성평등 요소를 반영하여 건설현장 엔지니어로 여성이 일하고 있거나 아빠가 기저귀를 갈고 있는 사진 등을 게재한다.

우리나라의 경우에는 현실을 반영하지 못하는 지극히 근대적인 수준의 교과서 삽화들로 이루어져 있는데 여자가 해야 할 일과 남자가 해야 할 일을 구분하여 엄마는 앞치마를 두르고 가사 일을 하고 아빠는 자동차를 고치는 등의 삽화들이 게재되어 있다. 현실적으로는 이미 아이를 돌보기 위해 육아휴직을 하는 아빠가 있고 부인이 능력이 있어 적극적인 사회활동을 하면 남편이 육아와 가사를 전담하고 외조를 하는 경우도 주변에서 심심찮게 볼 수 있다. 굳이 양성평등을 외치지 않더라도 교과서의 삽화를 바꾸는 간단한 작업만으로도 양성평등은 저절로 이루어질 것이다.

마지막으로 핀란드의 경우에는 성교육을 통해 단계별로 콘돔면허증을 발급한다. 1단계에서는 콘돔에 대한 기본 상식을 테스트하고 2단계에서는 콘돔의 사용법에 대해 실습을 한다. 마지막 3단계에서는 깜깜한 곳에서 콘돔을 끼우는 테스트를 통해 콘돔 면허증을 발급해 주는 것이다. 특별수업이나 축제에서 이벤트 부스를 운영하기도 하는데 청소년들에게 매우 인기 있는 이벤트로 피임에 대해 부담 없이 즐겁게 배울 수 있다. 또한 핀란드의 인기가수가 콘돔에 관한 노래를 만들어 안전한 성생활을 위한 캠페인을 벌이기도 하는 등 성에 대해 어두운 면보다는 밝고 건강한 모습을 보여줌으로써 성은 감춰야 할 것이 아니라는 점을 강조하는 한편 상대방을 배려하면서 즐기는 문화로 자리 잡을 수 있도록 한다.

이렇게 세계 각국의 성교육과 피임법에 대한 내용을 알고 나면 우리나라의 성교육 현실에 답답함을 느낄 수밖에 없다.

최근 담양의 한 고등학교에서 임신과 출산 단원 수업 중 한 학생의 요청으로 피임법에 대한 교육을 하기 위해 콘돔과 바나나를 준비하는 과정에서 논란이 된 적이 있다. 항의하는 부모들 때문에 결국 수업은 취소가 되었다. 부모들의 마음을 모르는 바는 아니지만 현실과 동떨어진 생각으로 학교에 항의를 하는 과정을 보면서 안타까운 마음이 들었다. 시간 때우기 식의 형식적인 성교육이 아닌 올바른 콘돔 사용법을 가르쳐 주는 것이야말로 오히려 현실에 맞는 성교육이라고 할 수 있다. 한 걸음도 앞으로 나가지 못하고 제자리 걸음 수준의 성교육에 관한 생각을 갖고 있는 기성세대는 뛰고 달리는 아이들의 생각을 결코 따라잡을 수 없다.

성에 관한 호기심이 충만한 아이들은 제대로 된 성교육을 받지 못해 인터넷을 통해 호기심을 충족하려 할 것이고 그 과정에서 과장되고 잘못된 정보가 심어질 수도 있다. 인터넷은 이미 성차별, 성혐오 등이 심각한 수준으로 넘쳐나고 있다. 그로 인해 큰 문제가 된 '텔레그램 n번방' 같은 일들이 암암리에 독버섯처럼 자라고 있는 것이다. 지금이라도 제대로 된 성교육을 통해 성인지감수성을 길러줘야 한다. 제대로 된 성교육을 하는 것만이 텔레그램 n번방 같은 사건이 확대 재생산되는 것을 막을 수 있다.

우리나라의
성교육 현황

이와 같이 다른 나라의 경우에는 성교육에 대한 다양한 접근이 이루어지고 있는데 우리나라의 경우에는 그저 의무적으로 이수해야 할 시간으로 인식되어 강사가 일방적으로 이론을 주입하다 보니 아이들 입장에서는 지루할 뿐이다. 또한 아이들의 성에 대한 지식은 다양한 경로를 통해 접할 수가 있어 그 수준이 이미 강사의 내용을 앞서가고 있다. 현실을 반영하지 못하는 성교육시간은 아이들이 잠을 자거나 다른 교과 공부를 하는 시간으로 전락해 버리고 마는 것이다.

실제로 청소년들에게 있어서 성은 매우 호기심이 강한 영역이고 발달학적으로도 청소년기에는 정서적으로 매우 불안정하고 충동적이기 쉽다. 또한 급격한 신체 발달과 더불어 강한 성적 충동을 느끼고 이성에 눈을 뜨는 시기이다. 그러므로 보다 현실에 맞는 교육이 필요하며 일방적인 이론주입식 교육보다는 프랑스처럼 토론을 통해 상대방의 생각을 알 수 있고 이해할 수 있도록 해야 하고, 학생들의 참여를 유도하는 활동 위주의 성교육이 실시되어야 한다고 본다.

가정에서의
성교육

　사실 학교에서 이루어지는 성교육의 방식을 획기적으로 바꾼다고 해도 매우 단편적이고 일회적일 수밖에 없다. 그렇기 때문에 지속적으로 이루어질 수 있는 가정에서의 성교육이 중요하다. 태아가 엄마의 뱃속에 있을 때부터 자신의 성기를 가지고 노는 등 성적인 행동을 하는 것은 이미 잘 알려져 있는 사실이다. 그러므로 성교육에 대한 시기가 따로 정해져 있는 것이 아니라 어렸을 때부터 발달연령에 따라 그에 맞는 교육을 꾸준히 해주는 것이 중요하다.

　먼저 유아기에는 내 몸의 소중함과 생식기의 하는 일에 대해서 알려주는 것이 좋다.

　유아기부터 초등 저학년까지는 지적 호기심이 강할 때이므로 아이들은 엄마가 귀찮게 여길 정도로 많은 것을 엄마에게 묻고 또 묻

아동기부터 발달에 맞는 성 교육은 필수다.

는다. 성과 관련된 것들도 마찬가지인데 부모들이 난처하다고 대답을 회피한다면 아이들은 즉각적으로 답을 주는 스마트폰을 통해 호기심을 해결하게 된다. 그 과정에서 성에 대한 잘못된 상식을 접할 수도 있고 연관 카테고리를 통해 다양한 성인물에 노출 될 수도 있다. 그러므로 아이들이 물어보는 것에 대해서 정확한 명칭을 사용하여 설명을 해주되 이 시기에는 지나치게 과한 성교육은 오히려 부정적일 수가 있으므로 아이의 수준에 맞는 성교육이 필요하다. 다만 좋고 싫은 것에 대해서 정확하게 표현할 수 있도록 알려주어야 한다. 일상생활에서도 성 예절에 대해서 알려 주며 성 평등에 대해서도 알려 줄 필요가 있다.

초등학교 고학년이 되면 성호르몬이 분비되기 시작한다. 그러므로 이때가 성교육을 할 수 있는 가장 적절한 시기이다. 요즘 초등학교 고학년쯤 되면 그럴 일이 거의 없지만 만약 아이가 성에 관한 얘기를 물어본다면 그것만으로도 감사해야 할 일이다. 아이들이 스마트폰을 통해 잘못된 성지식을 습득하지 않도록 될 수 있으면 정확하고 자세한 교육이 이뤄져야 한다.

이 시기에 성교육을 하기 좋은 매체로는 영화를 꼽을 수가 있다. 포르노 영상물은 상업적인 이익을 취하기 위해 성행위 자체에만 포커스가 맞춰져 있어 왜곡된 성관념을 가질 수 있다. 하지만 영화는 남자와 여자의 만남부터 시작해서 사랑하게 되는 과정이 전개되고, 성관계를 하더라도 과정에서 차곡차곡 쌓아온 스토리텔링이 있다. 영화 속 남녀간 성행위는 사랑이 전제가 되고 이후 책임이 따르는 과정을 담고 있기 때문에 성교육에 긍정적인 효과가 있다.

요즘에는 우리 아이들이 성인이 되어 결혼 상대자하고만 성관계를 갖길 바라는 것은 현실적으로 불가능한 일에 가깝다. 앞에서도 언급했지만 실제 성관계 연령은 저연령화되어 가고 있고 그에 반해 결혼 시기는 점점 늦어져 남녀 모두 30세를 훌쩍 넘기고 있다. 그렇기 때문에 결혼상대자하고만 성관계를 갖기를 바라는 것보다는 다양한 가능성을 염두에 둬야 한다.

자녀가 이성교제를 하지 못하도록 막는 것은 결코 대안이 될 수 없다. 보다 현실적인 관점에서 성교육에 대한 대책을 세우는 것이 바람직하며 가정에서의 성교육의 중요성을 인식할 필요가 있다.

가정에서 성교육을 할 때 무엇보다 신경을 써야 할 점이 있다. 딸들에게는 사회나 타인에 의해 강요받지 않고, 자신의 의지에 따라 성적인 행동을 결정할 수 있는 성적 자기결정권에 대해 가르쳐 주어야 한다. 그리고 아들들에게는 상대방의 의견을 존중하고 합의하에 피임을 한 뒤 성적인 행동을 할 수 있도록 교육하는 데 주안점을 둬야 한다.

연령대별로 성교육의 방법에 대해 설명했지만 앞서 말했듯이 성교육의 시기는 따로 없다. 오히려 성교육은 일상생활에서 수시로 대화를 하는 중에도 자연스럽게 이야기를 하는 것이 좋다. 자녀가 물어볼 때마다 아는 만큼 솔직하게, 최대한 밝은 표정으로 연령대에 맞게 구체적인 단어를 사용해서 알려주는 것이 좋다. 당황해서 얼버무리거나 괜히 쑥스러워서 두루뭉술하게 넘어가지 말고 정확한 명칭을 사용해서 알려줘야 한다. 무엇보다 평소에 성에 대한 이야기를 자녀와 부모가 함께 허심탄회하게 나눌 수 있는 분위기를 만드는 것이 가장 좋다.

부모는 모든 면에서 아이들에게 있어 가장 가까이에서 직접적으로 접할 수 있는 모델이다. 성 관련 모델 역시 다르지 않다. 부모님이 모델이 되어 자녀가 바른 성가치관을 가질 수 있도록 도와주는 것이 가장 좋다.

자위,
스스로 위로하다

앞서 열거한 사례들처럼 자위의 경우는 비교적 이른 시기인 유아기 때부터 이루어진다. 유아들이 생식기를 만지며 노는 것은 성적인 행동보다는 자신의 신체를 탐구하고자 하는 기본적 욕구이다. 일종의 장난감놀이와 같은 신체놀이로서 지켜보되 관심을 갖거나 호들갑스럽게 반응하지 않고 그냥 내버려 두면 대부분 조금 하다가 그치게 되는 경우가 많다.

그러나 못 하게 하거나 야단을 치고 억압하면 오히려 역효과가 날 수도 있다. 못 하게 야단을 치기 보다는 자위를 하려고 하면 아이의 관심을 다른 행동이나 놀이로 돌리는 것이 좋은 방법이다. 그래도 같은 행동을 반복한다면 신체 중요 부위에 상처가 날 수 있다는 것을 알려주고, 집 이외의 장소에서나 다른 사람들 앞에서는 절대 하지 않을 것을 약속해야 한다.

그런데 평소 그런 행동을 안 하던 아이가 갑자기 자위를 시작한다면 우선 옷이 몸에 꼭 끼지 않았는지 살펴보고, 혹시 다른 스트레스 받는 일이 갑자기 생겼는지도 확인한다. 그런데 옷이 꼭 끼지 않고 별다른 스트레스를 받은 일도 없다면 성폭행을 의심해 볼 수도 있다. 부모가 먼저 놀라서 당황한 표정을 지으면 아이는 자신의 잘못인 것처럼 여겨지고 죄책감을 느낄 수도 있다. 그렇기 때문에 쉽지는 않겠지만 침착하고 차분한 어조로 아이에게 질문을 해야 한다. 그리고 무엇보다도 아이에게는 아무런 잘못이 없다는 것을 알려주는 것이 가장 중요하다.

때로는 유아기 시절에 아이들끼리 놀면서 성적인 놀이를 하는 경우가 있을 수 있으나 이는 성폭행이라고 단정 지을 수는 없다.

유아기 놀이 과정 중에 생기는 성적 놀이는 그 행위 주체자가 유아기 어린이라는 것을 간과하면 안 된다. 성적 놀이도 발달과정에서의 상상 놀이로서 엄마아빠 놀이나 소꿉놀이처럼 놀이과정 중 하나로 볼 수 있다. 이는 유아의 언어 발달이나 사회성 발달을 포함해 인지발달에 매우 중요한 역할을 한다. 심하지 않을 경우에는 자연스럽게 그 순간을 성교육의 기회로 삼아 내 몸의 소중함과 생식기 부분에 대한 소중함을 알려주는 것이 좋다. 그리고 무엇보다 중요한 것은 상대방에게 억지로 강요하는 것은 잘못된 행동이라는 것을 분명하고 단호하게 알려준다.

사춘기의 자위행위의 경우에는 글자 그대로 자위自慰, 즉 스스로 위로한다는 뜻이다. 사춘기를 거쳐 청년기 때까지는 남성 호르몬인 테스토스테론이 20배 정도 폭발적으로 늘어난다. 사춘기 자위는 성적인 욕구를 발산해 내는 자연스러운 현상이다. 그럴 때는 운동을 하거나 야외 활동을 함으로써 성적인 욕구를 자연스럽게 발산을 하는 것이 좋다. 그러나 현실은 그렇지 못하고 책상에 앉아 공부만 해야 하기 때문에 자위라는 행위가 더 강화되고 있는 실정이다.

학생들을 대상으로 성적인 생각이 날 때 어떤 방법으로 그 순간을 넘기느냐는 질문을 해보면 가장 많이 나온 대답으로 운동을 함으로써 에너지 발산을 한다고 한다. 그리고 두 번째로 많은 대답은 관계를 통해 극복을 한다고 한다. 특히 가족과의 관계가 좋은 경우는 많은 도움이 된다고 한다. 그렇다면 이미 답은 나와 있다.

성적인 생각을 떨쳐 버릴 수 있는 가장 좋은 방법은 가족과 함께 등산을 하거나 배드민턴을 하는 등 운동을 하는 것이다. 이렇듯 남학생들에게 운동은 성적에너지를 운동에너지로 변환시켜줄 건강한 방법임에도 불구하고 현실은 이와 거리가 멀다. 입시공부에 치중하느라 주요 과목 시간은 점점 늘리고 그 외 체육, 미술, 음악 수업은 점점 줄이고 있는데 이는 우리 아이들의 신체발달, 정서적 발달은 전혀 고려하지 않은 너무 가혹한 처사이다. 지금부터라도 체육시간을 늘려 축구도 하고 농구도 하면서 욕구를 발산시키도록 하는 것이 바람직하다.

그러면 우리 아이가 자위를 한다는 것을 알았을 때 우리는 어떤 태도를 취해야 할까? 당황스럽고 너무 놀라서 어쩔 줄 몰라 할 것이 아니라 내 자녀가 어른이 되어 간다는 신호로 받아들이고 대견하게 생각해야 한다. 그리고 될 수 있으면 동성의 부모가 나서서 자위에 대해 대화를 하는 것이 좋다. 아이에게 자위는 자연스러운 현상이라는 것을 알려줌으로써 아이가 자위행동에 대해 죄책감을 갖지 않도록 하는 것이 중요하다. 또한 건강한 발산을 위해 자위에 대한 필수 에티켓을 알려줌과 동시에 적절한 성교육을 시키는 것이 바람직하다. 사춘기 자위는 일주일에 한두 번 정도 하는 것을 권하고 있으며 자위 전 후 청결을 유지하도록 한다. 또한 지나친 자극은 생식기의 손상이나 성정체성에 영향을 미칠 수 있다.

음란물의
덫

    청소년들은 음란물을 보고 자위를 하는 경우가 많은데 음란물은 사랑, 생명, 책임 등이 배제된 채 쾌락만 강조한다. 스토리나 과정을 무시한 채 행위 자체에만 초점을 맞춰 자극적으로 연출한 것이다. 현실에서는 매우 드문 상황을 상업적인 목적으로 만들어내는 작품인 것이다.

    음란물을 접하게 되는 단계를 살펴보면 처음에는 호기심에서 시작한다. 하지만 점점 자극적인 것을 추구하게 되고 그것이 일상화되어 당연하게 생각을 하게 된다. 그러다가 나도 한번 시도해 보고 싶은 마음이 들어 결국은 성폭력으로까지 연결될 수도 있게 되는 것이다. 또한 음란물의 특성상 스토리를 생략하기 때문에 지나치게 빠른 속도로 진행이 된다. 음란물에 길들여지면 성인이 된 후 성관계를 할 때 속도 조절에 어려움을 겪게 되고 심하면 조루나 지루가 될 수도 있다고 비뇨기과 의사들은 말을 한다. 그러므로 자녀들이 음란물의 덫에서 빠져나올 수 있도록 가족이 함께 노력해야 한다.

그렇다면 음란물의 덫에서 빠져나오려면 어떻게 해야 할까?

우선 컴퓨터의 경우 검색어 차단이나 성인사이트 접속 제한 등 보호프로그램을 설치한다. 스마트폰의 경우 자녀가 어리면 보통 부모의 명의로 개통을 하는 수가 많다. 그러나 오히려 자녀의 명의로 개통을 하게 되면 연령제한으로 다양한 검색어를 차단하기가 쉬워진다. 이 점을 감안해 자녀의 명의로 스마트폰을 개통하는 것도 좋은 방법 중 하나다. 대안활동으로 운동이나 동아리 활동 등 외부 활동을 늘려주는 것이 좋다.

여러 방법들을 시도했으나 효과가 없었다면 상담을 받는 것도 고려해 본다. 그러나 무엇보다도 가족과 대화를 많이 하거나 가족과 운동을 하는 등 가족과의 행사를 많이 갖는다. 가족과의 대화를 통해 음란물의 실체에 대한 교육을 지속적으로 하는 것이 가장 중요하다.

자녀가 첫 몽정을 하거나 첫 생리를 하게 되는 경우 요즘 부모들은 각종 선물과 함께 축하를 해주는 경우가 많은데 이는 매우 바람직한 현상이다. 이 때 책임 있는 성관계를 해야 하며 성행위에 대한 자신의 목소리를 낼 수 있고, 상대방의 목소리를 존중할 수 있는 성적 자기결정권에 대한 교육을 함께 하는 것이 좋다.

평소 자녀들과 성폭력 예방에 대한 대화를 편안한 분위기에서 나누는 것도 좋은 성교육 방법이다. 될 수 있으면 구체적으로 나누는 것이 좋고 자주 얘기하는 것이 좋다. 혹시 자녀가 그런 분위기에 처하게 될 경우 조금이라도 싫다면 단호하게 뿌리치고 나와야 하는데 실제로 그렇게 하기까지는 많은 용기가 필요하다. 그런 행동을 할 수 있으려면 평소 부모와의 대화를 통해 머릿속으로 시뮬레이션을 자주 해봐야 그런 상황에 맞닥뜨려도 용기를 낼 수 있다. 그렇기 때문에 아무리 여러 번 얘기해도 지나치지 않은 성적 자기결정권에 대한 얘기는 어쩌다 한 번 나누는 대화가 아니라 귀에 딱지가 앉도록 해야 하는 이유이다. 성에 관련된 것이라면 아무리 사소한 것이라도 부모와 함께 솔직하게 얘기를 나눌 수 있는 가정 분위기를 조성하는 것이야말로 무엇보다 중요하다.

절대로 일어나서는 안 될 일이지만 만에 하나 자녀가 성폭력을 당했다면 앞에서 언급한대로 내 아이가 잘못해서 생기는 것이 아니다. 절대 다그치거나 야단을 치면서 내 아이에게도 원인이 있다는 말을 하면 안 된다. 지금 아이는 몹쓸 짓을 당한 것만으로도 트라우마를 겪고 있는 중이다. 또한 타액이나 정액이 훼손되지 않고 증거를 보존하기 위해 반드시 씻지 않는 것이 중요한데 의외로 간과하거나 당황해서 혹은 수치스러워서 깨끗하게 씻는 경우가 많다. 씻지 않아야 한다는 것을 기억하고 속옷과 겉옷 등의 증거 훼손 방지를 위해 비닐봉투가 아닌 종이봉투에 각각 따로 넣는다.

성폭력, 성매매 등 각종 폭력에 관한 전화 117, 범죄신고 전화 112, 여성 긴급전화 1366, 청소년 긴급전화 1388로 전화를 해서 도움을 받는다. 또한 헬스콜 지원센터, 해바라기 여성·아동센터에 가서 진료를 받는다. 필요한 경우에는 사후피임약을 복용하는 것이 원치 않는 임신을 예방하는 데 도움이 된다.

엄마는
아무것도 몰라요

4차
산업 혁명 속
내 아이
진로교육

사례: 공무원보다 유튜버가 되고 싶어요

"은솔아 새로 업데이트 했어?"

"했지."

"언제? 어젯밤 자기 전에 봤는데 그때도 업데이트 안 됐던데?"

"요번에는 동작이 잘 안 돼서 몇 번 수정하고 편집하다가 새벽 2시에 올렸어."

"아이~ 씨 봐야 하는데 스마트폰 걷어서 못 보잖아. 아~짱나."

"점심시간에 집에 전화한다고 하고 잠깐 달라고 해서 화장실에서 보자~"

쉬는 시간 교실 뒤편에 앉아 있는 은솔이 주변에 예은이, 서희가 모여서 재잘재잘 연신 시끄럽다.

"얘들아 재미있는 일 있어? 선생님도 좀 알자."

슬며시 아이들 곁으로 가서 물었다.

"샘~ 샘도 좋아요 눌러 주세요."

"뭘? 뭐가 좋은데?"

"아~ 촌발 날려. 유튜브요. 은솔이 유튜브 하거든요."

"레알?"

"네, 레알!"

"콘텐츠가 뭔데?"

"커버 댄스요."

"은솔이 겁나 잘 춰요."

아이들은 앞다퉈 서로 먼저 말하려고 한다.

"아~!!! 그렇구나. 선생님도 보고 싶다."

"선생님도 구독신청하고 좋아요 눌러주세요. 우리가 은솔이 팬클럽 회원이고요. 홍보를 담당하고 있어요."

"오케이, 알았어. 선생님도 나중에 보고 좋아요 꾸~욱 눌러줄게."

"앗싸~ 구독자 한 명 추가요~!!!"

"은솔이는 연예인이 하고 싶은 거야?"

"아니요, 춤은 취미이구요. 메이크업 아티스트요. 메이크업 아티스트가 되어서 내가 좋아하는 아이돌 얼굴에 직접 메이크업 해 줄 거예요. 아~ 생각만 해도 행복하고 좋아요."

은솔이는 눈을 지그시 감더니 몸을 부르르 떤다. 요즘은 장래 희망에 대해서 물어보면 고등학생들조차도 딱히 하고 싶은 일이 없고

90% 이상의 친구들이 생각해본 적 없다고 한다. 그런데 은솔이는 중학교 1학년인데 좋아하는 것과 하고 싶은 일을 구별해서 얘기하는 것을 보고 놀랐다. 즉 적성과 흥미에 대한 명확한 기준이 있는 것이다.

"벌써부터 진로에 대해서 확고한 생각을 하는 걸 보니 은솔이 멋지네. 엄마도 은솔이를 자랑스러워하겠구나."

"아~ 진짜 그러면 좋은데 아니에요. 엄마는 무조건 공무원 하래요. 춤추고 동영상 올리는 것까지는 취미삼아 하는 것이라 생각해 참고 봐주는데 공부 열심히 해서 공무원 하라잖아요. 난 공무원 되기 싫단 말이에요. 아~ 무슨 공무원~ 따분하게. 개빡쳐요. 그래서 엄마랑 맨날 싸워요."

사례: 인터넷 세계에선 나도 인기인?

중학교 3학년인 연지는 한시도 스마트폰을 손에서 놓지 못한다. 학교에서는 아침 조회 시간에 스마트폰을 걷기 때문에 연지는 스마트폰을 두 개씩 가지고 다닌다. 한 개는 제출하고 나머지 한 개는 선생님의 눈을 피해 틈틈이 보는 용도다.

연지는 SNS와 유튜브, 웹툰과 웹소설을 즐겨 보고 친구들이 좋아할만한 정보를 퍼다가 개인 블로그에 올린다. 핫한 자료들이 많이 있어서 연지의 블로그에 방문하는 사람들이 많다. 친구들에게 있어서 연지는 '핵인싸'이다. 연지는 방문자 수가 늘어나는 것에 보람을 느끼고 그러다 보니 더욱 더 열심히 할 수밖에 없다. 특히 유명 아이돌 코너는 아이돌 멤버들의 패션, 개인적인 취향, 자주 가는 곳 등의 정보들을 발 빠르게 업데이트하기 때문에 블로그 내에서도 가장 인기 있는 코너이다.

연지는 친구들에게 인정과 부러움을 한 몸에 받고 있어 자신의 존재의 가치를 스마트폰을 통해 확인받는다고 생각한다. 그렇게 공부는 뒷전으로 하고 잠자는 시간까지 줄여가며 새로운 정보를 찾아다니다 며칠 전 새벽에 화장실에 가려던 엄마에게 들켰다. 친구들에게 가장 인기 있는 자신을 몰라보고 한심하다는 듯이 쳐다보는 엄마가 원망스러웠다.

인공지능과
4차 산업혁명

많은 아이들이 진로 문제로 부모와 갈등을 겪는다. 그 결과로 인해 우울증, 가정폭력, 가출 등과 같은 다양한 사회 문제들이 발생한다. 부모세대의 직업과는 달리 4차 산업혁명 시대를 살아가야 하는 자녀들 세대의 직업은 새롭게 재편되고 있다. 우리가 원하든 원치 않든 이미 인공지능 시대의 문은 활짝 열렸다. 인공지능 시대를 만들어가는 과학자들도 놀라워할 만큼 그 속도는 빠르게 전개되고 있다. 그리고 더 나아가서 미래의 모습은 아무도 예측할 수 없다.

일례로 알파고의 탄생이 그러하다. 바둑의 탄생에 대한 기록을 보면 추정이기는 하나 기원전 2300년경 고대 중국 요왕이 바둑을 발명했다는 설이 있다. 그로부터 4320여 년의 세월 동안 바둑은 두뇌게임을 대표하며 꾸준하게 사랑을 받았다. 그런데 기계와 인간이 바둑 대국을 벌일 줄 누가 알았을까? 하지만 우리는 이세돌 9단이 구글이 개발한 인공지능 바둑프로그램 알파고와의 싸움에서 4:1로 대패하는 모습을 두 눈으로 지켜본 바가 있다. 알파고는 영국의 '딥마인드'사가 2014년에 개발한 바둑 프로그램으로 알파고를 개발한지는 2년에 불과 했다. 그런데 2살짜리 알파고가 인간의 축소판이라고 불리며 두뇌게임을 대표하는 명성을 4,320년 동안이나 이어오던 바둑을 가볍게 이겨버린 것이다.

이세돌 9단과 알파고의 싸움에서 알파고가 이기기를 바랐던 사람들은 알파고 개발자인 데이비드 실버 박사를 비롯한 구글의 직원들과 극히 일부의 사람들뿐일 것이다. 전 세계의 많은 사람들은 인간과 컴퓨터의 싸움에서 인간을 대표하는 이세돌이 보란 듯이 기계를 이겨주기를 바랐다. 적어도 우리 국민들만큼은 이세돌이 알파고를 이기고 한국 바둑의 위상을 드높여 주기를 한 마음으로 응원했다. 그렇기에 4:1이라는 점수 차에 아쉬운 탄식소리를 낼 수밖에 없었다. 그렇게 우리 국민들은 우리 안방에서 벌어진 인공지능의 괴력을 지켜보며 다른 어느 나라사람들 보다도 머리에 깊게 각인되었다. 그야말로 인공지능의 역습을 제대로 맞은 것이다. 우리는 이 일을 계기로 막연하게 생각하고 있던 4차 산업혁명과 관련된 미래의 직업들에 대한 공부의 필요성을 절실히 느꼈다.

미래에 각광받는
직업을 찾아라

부모세대에 각광받았던 직업들 중에는 미래에는 없어질 직업들이 많다. 2013년 미국 옥스퍼드의 마틴 스쿨 교수의 연구에 의하면 미국의 현재 직업의 47%가 없어질 것이라고 했다. 그러나 그로부터 몇 년이 흐른 지금은 상황이 또 다르다. 놀랍게도 직업의 90%가 인공지능으로 대체된다는 주장도 나오고 있다. 특히 부모세대가 선호하는 직업의 대부분이랄 수 있는 의사, 검사, 변호사, 금융전문가 등이 그렇다. 앞으로 대체될 직업의 1순위가 의사이다. 최근에도 로봇을 이용한 수술이 점점 늘어가고 있지만 앞으로 대체속도는 점점 더 빨라질 것이다.

비행기를 조종하는 것 역시 마찬가지로 이미 90% 이상 기계가 조종을 하고 있다. 구글을 필두로 하여 많은 자동차 회사에서 자율 주행차를 개발하고 있다. 우리는 드라마를 통해 자동차의 운전모드를 자율 주행으로 해 놓고 주인공들이 입맞춤하는 것을 보았다. 향후 10년 이내에 무인 자동차가 상용화 될 것이고 어쩌면 멀지 않은 시기에 사람들은 자동차의 시동을 켜는 열쇠를 빼앗길지도 모른다. 사람들이 운전을 하는 것은 자율주행으로 입력된 프로그램에 오류를 일으킬 수도 있기 때문에 더 이상 사람들은 운전을 할 수 없는 시대가 도래 할지도 모른다고 과학자들은 섣부른 예측을 하기도 한다.

이렇게 하루가 다르게 비약적인 발전을 거듭하고 있는 상황은 변화를 이끌어가는 과학자들마저도 놀라워하고 있다. 밀레니얼 세대인 우리 아이들은 빠르게 변화하는 시대에 맞춰 살아가는데 부모세대들만 제자리에 머물러서 아이들에게 기존의 직업관을 주입시키고 있다. 바로 그 지점에서 아이들과 부모들은 충돌을 할 수밖에 없다. 그렇다고 인공지능이 모든 일자리를 다 뺏어가서 우리는 아무것도 할 수 없는 존재가 될 것이라는 자조감을 가질 필요는 없다.

가까운 미래에 사라질 직업도 있지만 그에 반해 새로운 직업도 끊임없이 탄생할 것이기 때문이다. AI로 인해 일자리를 뺏길 것을 염려하기보다는 새롭게 생겨나는 일자리를 탐색하고 준비하도록 도와주는 것이 부모들의 역할이다. 변화는 지금 이 순간에도 숨 가쁘게 진행되고 있기 때문이다.

기존의 것을 고집하지 말고 변화를 예측하는 눈을 갖고 그에 따른 준비를 할 수 있도록 지원해 줘야 한다. 그러기 위해서는 무엇보다도 내 자녀가 좋아하는 것이 무엇인지? 내 자녀가 잘 하는 것이 무엇인지를 아는 것이 가장 중요하다.

미래 세대는 우리와는 전혀 다른 직업을 갖게 될 수 있다.

어느 구름에
비 들어 있을지 모른다

　도진이는 블리자드가 개발한 오버워치Overwatch 게임에 빠져 있다. 부모님 몰래 새벽까지 게임을 하는 것은 물론이고 학원을 빼먹고 PC방에서 살다시피 한다. 게임을 할 때는 먹는 것도 잊은 채 게임에만 집중을 한다. 도진이는 오버워치 게임 속에서 힐러Healer를 맡은 '루시우' 역할을 자주 한다. 아군을 치료하고 공격에도 가담하는 루시우가 도진이는 좋다. 친구들은 따분한 힐러보다는 공격적인 캐릭터를 좋아하지만 도진이는 부상당한 캐릭터를 치료하고 살려내는 역할에 책임감을 갖고 있다. 부상당했던 동료들이 완치가 된후 자신에게 고맙다고 인사하고 칭찬해줄 때면 자부심을 느낀다.

　수업시간에 공부는 안 하고 엎드려 잠만 자는 도진이는 선생님에게도 매일 야단을 맞고 친구들에게도 무시당하지만 게임 속에서만은 자신에게 칭찬을 해주는 동료들이 있어서 외롭지 않다. 공대를 나와 엔지니어인 아버지는 도진이도 공대를 가기 바라지만 도진이는 공대에는 관심이 없다. 상담사나 사회복지사가 되어 다른 사람들을 도와주는 직업을 가지고 싶다. 하지만 그것도 대학을 갔을 경우에 해당되는 것이고 지금의 성적으로는 고등학교 입학도 어려운 상황이다. 아버지는 성적이 떨어진 도진이를 때리기도 하고 엄마는 용돈을 끊기도 하며 갖은 방법을 써서 게임에서 벗어나 공부에만 집중하길 바라지만, 부모님이 심하게 할 때마다 가출을 일삼는 도진이 때문에 번번이 실패하고 만다.

위의 사례처럼 부모님들은 자녀가 공부를 안 하고 컴퓨터 게임만 하면 밥벌이도 못하고 PC방에 처박혀 게임만 하다가 인생 끝나는 줄 알고 자녀를 야단친다. 그러다 결국은 자녀와의 관계는 돌이킬 수 없을 정도로 악화된다. 물론 특출하게 게임을 잘해서 내 아이가 프로게이머가 될 수 있다면 좋겠지만 그렇지 않을까봐 걱정을 하는 것이다.

하지만 꼭 프로게이머가 아니더라도 게임과 관련해서도 다양한 직업이 있다. 4차 산업혁명과 관련해서 뜨고 있는 직업들 중 게임과 관련이 있는 직업들의 성장은 앞으로도 계속 이루어질 전망이다. 더구나 우리나라는 게임 콘텐츠 관련한 수출률이 놀랍게도 K-Pop의 14배에 달한다.

코딩을 통한 게임 프로그래머, VRVirtual Reality 관련 게임 콘텐츠, 그래픽 게임디자이너, 게임 감시관, 게임 조사관, 게임 기획자, 게임

시나리오 작가, 게임 해설자, 게임 아나운서 등 생각보다 게임 관련한 직업들이 많다. 내 자녀가 글 쓰는 솜씨가 있다면 게임 시나리오 작가를 생각해볼 수도 있다. 무언가 연구하고 개발하는 것에 관심이 많다면 게임을 개발하는 게임 개발자에 대해 생각해 볼 수도 있다. 논리정연하게 말을 잘하고 설득력이 있다면 게임 해설자가 될 수도 있다. 이와 같이 내 자녀의 특성에 맞는 직업으로 얼마든지 연결할 수가 있는 것이다.

게임만 한다고 자녀와 날마다 전쟁을 치르는가? 지금 당장 게임만 하고 있다고 아이를 쥐 잡듯이 잡을 것이 아니라 게임을 기본 전제로 하고 내 자녀의 흥미, 적성, 강점 들을 파악해서 게임과 접목해 준다면 훌륭한 직업을 가질 수도 있는 것이다.

자녀가 컴퓨터 게임을 좋아한다면 관련 진로를 생각해 볼 수 있다.

내 자녀의
흥미와 적성을 알아보자

　내 자녀가 좋아하는 것이 무엇인지, 내 자녀가 잘하는 것이 무엇인지를 아는가? 그것을 아는 것만으로도 당신은 100점짜리 부모이다. 하지만 대다수의 부모들은 내 자녀에 대해 정확히 파악하고 있는 경우가 드물다. 좋아하는 것은 알 것 같은데 잘하는 것에 대해서는 잘 모른다거나 다른 친구들보다 잘하는 것은 알 것 같은데 정작 뭘 좋아하는지는 잘 모른다. 아니면 좋아하거나 잘하는 것을 알고는 있지만 부모의 눈높이로 봤을 때 비전이 없다고 생각되기 때문에 애써 무시하는 경우도 있을 것이다. 그런 경우에는 자녀를 한 명의 인격체로 존중하지 않고 부모의 가치관을 그대로 자녀에게 심어 주려고 하기 때문에 흔히 자녀와 갈등을 겪는다.

　흥미와 적성에 대한 사전적 의미를 찾아보면 흥미는 어떠한 일에 관심과 재미를 느끼는 것이고, 적성은 특정한 일을 남보다 더 잘해 낼 수 있는 소질을 말한다. 쉽게 얘기해서 내 자녀가 좋아하는 것은 흥미이고, 내 자녀가 잘하는 것은 적성이 되는 것이다.

진로와 관련해서 흥미와 적성은 매우 중요하다. 내가 좋아하고 재미있어하지만 직업과 연관되지 않는 경우가 많다. 또한 잘하고 능력은 있지만 그 일을 하는 것이 즐겁지 않아 마지못해 하는 경우도 많다. 이럴 때 우리는 흔히 목구멍이 포도청이라는 말을 한다. 먹고사는 문제가 우선이기 때문에 내가 진정 좋아하고 하고 싶어 하는 일은 뒷전이 되는 것이다. 하지만 먹고살자고 억지로 하는 일은 출근할 때마다 소가 도살장 끌려가는 것 같은 기분이라는 것을 우리는 잘 안다.

그런 면에서 보면 적성과 흥미가 딱 맞아 떨어지는 직업에 종사하는 사람들은 정말 복 받은 사람들이다. 그저 좋아서 하는 일인데 수익창출까지 이어진다는 것은 얼마나 신바람 나는 일인가? 누가 시켜서 하는 것이 아니라 스스로 좋아하는 일을 찾아서 하게 되고 그때 창의성이 발휘되며 몰입하게 되는 것이다. 그러자니 자연히 능률도 오르고 능력도 인정받게 되는 것은 불 보듯 뻔하다. 그에 따른 경제적 이익은 바늘 가는 데 실가는 것처럼 뒤따라오게 되어 있다. 돈이 사람을 따라와야지 사람이 돈을 쫓으면 불행하다는 말을 우리는 곧잘 한다. 하지만 그것이 어디 말처럼 쉬운 일인가?

우리 주변을 둘러봐도 적성과 흥미에 맞는 일을 하는 사람은 드물다. 두 가지 조건에 부합하는 직업을 찾는 것이 그만큼 어렵기 때문이다. 학창시절 죽어라 공부해서 대기업에 들어갔지만 일이 년을 못 버티고 퇴사하는 경우를 어렵지 않게 찾아 볼 수 있다. 또한 하늘한 번 쳐다보는 것도 사치라 여기며 몇 년을 준비해서 어렵사리 공무원이 되었지만, 적응을 하지 못해 그만두거나 직렬을 바꿔서 재도전하는 경우도 주변에서 심심찮게 볼 수 있다. 학창시절과 찬란한 청춘을 볼모로 삼고 오랜 세월 최선을 다해 준비한 노력이 물거품이 되어버린 너무도 안타까운 사례이다.

자녀의 미래를 위한
인생 로드맵

　그렇다면 어떻게 하면 내 자녀가 그런 시행착오를 하지 않을 수 있을까? 우리는 그 질문에서부터 출발해야 한다. 그 답은 바로 내 자녀의 흥미와 적성을 일찍부터 파악해서 인생의 로드맵을 짜 주는 것이다. 사실 관심이 없어서 그렇지 조금만 눈을 돌리면 무료로 내 자녀의 진로 로드맵을 짤 수 있는 다양한 검사를 할 수 있는 기관이 널려 있다.

　우선 고용노동부에서 운영하는 워크넷Worknet에 들어가면 직업과 관련한 다양한 심리검사를 할 수 있다. 청소년 직업흥미검사, 직업적성검사, 직업가치관 검사, 진로발달검사, 진로인식검사 등을 무료로 할 수 있다.

　또한 교육부에서 운영하는 커리어넷Careernet에 들어가면 직업적성검사, 직업가치관 검사, 진로성숙도 검사, 직업흥미검사, 진로개발 준비도 검사, 주요능력 효능감 검사, 이공계전공 적합도 검사 등을 역시 무료로 할 수 있다.

워크넷이나 커리어넷에 비해 많이 알려져 있지는 않지만 무료로 알아볼 수 있는 VIA강점검사www.viame.org도 있다. VIA강점검사는 모든 사람들은 24가지의 특화된 강점을 가지고 있으며 그 강점들이 나의 성격을 형성한다고 본다. 이 중에 상위 5개의 강점을 내가 주로 사용하며 하위 5개는 나에게 부족한 약점이 되는 것이다. VIA강점검사를 통해 내 자녀의 성격적 강점을 파악해 내 자녀가 지니고 있는 대표 강점 5개를 활용한 직업을 선택하는 것이 좋고 동시에 하위 5개의 약점을 보완하는 것도 도움이 될 수 있다.

그 외 홀랜드Holland 직업탐색 검사와 스트롱Strong 직업 흥미검사,

어느 구름에 비 들어 있을지 모르듯이 자녀의 미래도 그와 같다.

MBTI성격 검사 등을 통해 내 자녀와 안성맞춤인 직업이 무엇일지를 알아보는 것은 자녀의 진로 로드맵을 그리는 데 지름길이 될 수 있을 것이라고 생각한다. 막연하게 생각을 하는 것보다는 구체적인 자료를 통해 알아본다면 훨씬 효율적인 로드맵 짜기가 된다.

다양한 검사를 통해 내 자녀의 흥미와 적성, 직업을 선택할 때 가치를 어디에 두는지 등 자녀를 이해하는 데 주안점을 둔다. 진로상담 선생님과 상담을 통해 알아보는 것도 좋은 방법이다. 다양한 검사를 통해 내 자녀에게 맞는 직업들이 몇 개로 간추려진다면 그 직업에 대한 정확한 정보를 취합하고 평가를 한다. 연봉이나 직업에 필요한 자격요건이 있는지, 자격시험이 있는지 여부를 조사한 뒤에 최종적으로 그 직업에 종사하고 있는 사람들을 통해 조언이나 직업에 대한 정확한 정보를 꼼꼼히 따져보고 로드맵을 그려 나간다면 이직률을 줄일 수 있는 것은 물론이고 평생 직업을 선택할 수도 있다.

물론 그 이후에도 좋은 조건의 스카우트, 창업, 직장 내에서의 대인관계 문제 등 다양한 문제로 인해서 이직을 할 수도 있겠지만 적어도 일이 나하고 맞지 않아서 이직하는 경우는 줄일 가능성이 높다.

워크넷 진로 검사(www.work.go.kr)

청소년 직업흥미검사	청소년들이 자신의 직업적 흥미를 탐색하고 이를 토대로 효율적인 진로/직업설계를 할 수 있도록 직업흥미에 적합한 직업과 학과에 대한 정보를 제공해주는 검사
고등학생 적성검사	여러 작업들이 직무수행에서 요구되는 능력을 측정하여 청소년들이 적성능력에 적합한 직업을 탐색할 수 있다.
청소년 적성검사 (중학생용)	학업성적을 파악하여 적합한 진로와 직업을 설계할 수 있도록 도와준다.
직업가치관 검사	직업선택 시 중요하게 생각하는 직업가치관을 측정하여 자신의 직업가치를 확인하고 그에 적합한 직업분야를 안내해 준다.
청소년 진로발달검사	청소년들의 진로발달수준을 측정하여 자신의 진로발달수준을 이해하고 좀 더 보완하기 위하여 노력하여야 할 점이 무엇인지를 확인할 수 있다.
초등학교 진로인식검사	초등학생들이 자신과 직업세계에 대해 어떻게 이해하고 있는지, 꿈을 이루기 위해 올바른 태도를 가지고 있는지 확인해 볼 수 있다.

VIA 강점 검사 해석

지혜	창의성 (독창성,창의력)	새로운 업무방식에 대해 고민하는 것은 당신이 누구인지를 보여주는 중요한 요소이다. 당신은 더 좋은 방법을 생각할 수 있음에도 기존의 방식만을 고집하는 것에 결코 만족하지 못한다.
	호기심 (흥미, 모험)	당신은 모든 것에 대해 호기심이 있다. 당신은 언제나 질문을 하고 모든 주제와 화제에 매혹된다. 당신은 탐험하고 발견하는 것을 좋아한다.
	판단 (비판적 사고, 개방성)	충분히 생각하고 모든 측면에서 검토하는 것은 당신을 이루고 있는 중요한 요소이다. 당신은 성급하게 결론을 내리지 않으며 오직 확실한 증거에 따라서 결정을 내린다. 당신은 당신의 생각을 바꾸는 것이 가능하다.
	학구열	당신은 수업으로든 독학으로든 새로운 것을 배우기를 좋아한다. 당신은 언제나 학교, 독서, 박물관 등 배움의 기회가 있는 곳이라면 어디든 좋아한다.
	통찰(지혜)	당신은 스스로를 지혜롭다고 생각하지 않을지라도 당신의 친구들은 당신이 지혜롭다고 생각한다. 그들은 사물을 전체적으로 조망할 줄 아는 당신을 높이 평가하며 당신에게 조언을 구한다. 당신은 타인과 자신이 모두 납득할 수 있는 세계관을 가지고 있다.
용기	용감(용맹성)	당신은 위협, 도전, 난관, 고통 등에 의해 위축되지 않는 용감한 사람이다. 당신은 반대에 부딪히더라도 무엇이 옳은지 분명하게 말하며, 자신의 신념에 따라 행동한다.
	진실성 (진정성, 정직성)	당신은 정직한 사람으로서 진실을 말할 뿐만 아니라 진실되고 진솔한 방식으로 당신의 삶을 살아간다. 당신은 견실하며 가식적이지 않다. 당신은 '진실된' 사람이다.
	인내심 (끈기, 근면)	당신은 시작한 일을 끝마치기 위해서 열심히 일한다. 프로젝트가 무엇이든 상관없이 당신은 시기적절하게 완수한다. 당신은 일을 할 때 대단한 집중력을 보이며 과제를 완수한다.
	열정 (열의, 활기)	무엇을 하든 상관없이 당신은 흥분과 활기를 가지고 다가간다. 당신은 어떤 것이든 어중간하게 하거나 건성으로 하는 법이 없다. 당신에게 있어 삶은 모험이다.
인간성	친절 (관대함, 자상함)	당신은 다른 사람들에게 친절하고 관대하며 아무리 바빠도 부탁을 들어준다. 당신은 다른 사람, 심지어는 잘 모르는 사람을 위해서도 좋은 일을 하는 것을 즐긴다.
	사랑	당신은 다른 사람들과의 관계를 소중하게 생각한다. 특히 서로 나누고 보살피는 사람들과의 친밀한 관계를 소중하게 생각한다. 당신이 가장 친하다고 느끼는 사람들도 역시 당신과 가장 친하다고 느낀다.
	사회성 (정서지능, 대인지능)	당신은 다른 사람들의 동기와 감정을 민감하게 알아차린다. 당신은 각기 다른 여러 상황에서 무엇을 해야 할지 알고 있으며, 다른 사람들을 편안하게 만들어주는 방법을 알고 있다.

정의	공정성 (공평성, 정의)	모든 사람들을 공정하게 대하는 것은 당신의 중요한 원칙들 중의 하나이다. 당신은 자신의 사적인 감정으로 다른 사람들에 대한 결정을 흐리지 않는다. 당신은 모든 사람에게 기회를 준다.
	리더십	당신은 리더십을 발휘해야 하는 과제에서 탁월함을 보인다. 집단이 과제를 완수하도록 격려하고 모든 사람이 소속감을 느끼게 함으로써 집단의 조화를 이루어 낸다. 당신은 다양한 활동들을 체계화하고 그 활동들이 잘 진행되고 있는지를 확인하는 일을 잘한다.
	시민의식 (협동심, 충성심)	당신은 한 집단의 성실한 구성원이다. 당신은 충성스럽고 헌신적인 팀원이며, 언제나 자기 몫을 해내고 집단의 성공을 위해서 열심히 일한다.
절제	용서와 자비	당신은 자신에게 잘못을 저지른 사람에게도 관대하며 언제나 사람들에게 두 번의 기회를 주려 한다. 당신의 신조는 복수가 아니라 자비이다.
	겸손과 겸양	당신은 주목을 끌고 싶어 하지 않으며 그보다는 당신의 업적 자체가 당신의 성과를 말해 주는 것을 더 좋아한다. 당신은 자신을 특별하다고 생각하지 않으며 다른 사람들도 당신의 겸손함을 알아보고 가치 있게 여긴다.
	신중성(조심성, 사리분별)	당신은 조심스러운 사람이며, 언제나 신중하게 선택한다. 당신은 나중에 후회할 만한 말이나 행동을 하지 않는다.
	자기조절 (자기통제)	당신은 당신의 감정과 행동을 의식적으로 조절한다. 당신은 자제력이 있는 사람이다. 당신은 당신의 식욕과 감정을 통제하여 당신의 식욕과 감정이 당신을 통제하도록 하지 않는다.
초월	심미안(아름다움과 탁월성에 가치를 둠)	당신은 자연에서부터 예술, 수학, 과학, 일상의 모든 경험에 이르기까지 삶의 모든 영역에서 아름다움, 탁월함, 능숙함을 인식하고 감상한다.
	감사	당신은 당신에게 일어나는 좋은 일들을 알아차리며 결코 그것들을 당연하다고 생각하지 않는다. 당신의 친구들과 가족은 당신이 언제나 감사하는 마음을 표현하기 때문에 당신이 감사할 줄 아는 사람이라는 것을 알고 있다.
	희망(낙관성, 미래지향주의)	당신은 미래에서 최고가 되길 기대하며 그것을 성취하기 위해 노력한다. 당신은 당신이 미래를 통제할 수 있다고 믿는다.
	유머 (쾌활함)	당신은 웃고 장난치는 것을 좋아한다. 당신은 다른 사람들을 미소 짓게 하는 것을 중요하게 생각한다. 당신은 모든 상황의 밝은 면을 보려고 노력한다.
	영성 (삶의 목적의식, 신앙심)	당신은 우주의 고귀한 목적과 의미에 대해 강하고 일관된 믿음을 가지고 있다. 당신은 더 큰 계획 안에서 어디에 속하는지를 알고 있다. 당신의 신념이 당신의 행동을 결정하며 당신에게는 위안의 근원이다.

커리어넷 진로 검사(www.career.go.kr)

직업적성검사	직업과 관련된 다양한 능력을 어느 정도로 갖추고 있는지 알아볼 수 있다.
직업가치관 검사	직업과 관련된 다양한 가치 중 어떤 가치를 주요하게 만족시키고 싶은지 알아볼 수 있다.
진로성숙도 검사	진로를 계획하고 준비하는 데 필요한 태도나 능력을 얼마나 갖추고 있는지 알아볼 수 있다.
직업흥미검사(K)	직업과 관련하여 어떤 흥미가 있는지 알아볼 수 있다.
직업흥미검사(H)	나의 흥미유형 및 세부 직업과 관련하여 어떤 흥미를 가지고 있는지 알아볼 수 있다.
진로개발준비도 검사	진로목표 달성을 위해 필요한 사항들에 대한 준비 정도를 알아볼 수 있다.
주요능력 효능감 검사	직업과 관련된 특정 능력에 대해 스스로의 자신감 정보를 알아볼 수 있다.
이공계전공 적합도 검사	대학의 이공계 내 세부 전공별 적합도를 알아볼 수 있다.
직업가치관 검사	직업과 관련된 다양한 가치 중 어떤 가치를 중요하게 만족시키고 싶은지 알아볼 수 있다.

우울증에
빠진
아이들

사례: 자해는 놀이가 아니란다

    쉬는 시간에 맨 뒤에 앉아 있는 지수 옆으로 혜미와 채린이가 책상에 걸터앉아 손목을 대보며 깔깔 웃고 있다. 나는 그들을 보며 그래 그맘때는 굴러가는 나뭇잎만 봐도 까르르 웃음이 터져 나올 시기이지 하며 슬며시 미소를 지었다. 그런데 나와 눈이 마주친 지수가 나를 손짓하며 불렀다.

"선생님~"

"응 왜?"

"선생님 이거 보실래요?"

지수는 생활복을 슬쩍 걷어 올려 손목을 내보였다.

"헉~ 이건 뭐야? 왜 이래?"

나는 지수의 손목을 보고 눈이 동그래져서 연거푸 다급하게 물었다. 지수의 손목에는 여러 번 자해를 한 흔적이 옅게 있었다.

"선생님, 애는 아무것도 아니에요. 제 것 한 번 보실래요?"

하며 혜미는 옷을 걷고 자신의 손목을 내보였다. 혜미의 상태는 더 심각했다.

"지수는 다섯 번밖에 안 했지만 저는 일곱 번이나 했어요."

마치 자랑스럽다는 듯이 자해 횟수를 강조하는 혜미를 보고 나는 할 말을 잃었다.

"선생님, 저는 재네들보다는 적지만 상처는 제가 더 깊어요. 제가 짱이에요."

하며 채린이가 자신의 팔목을 보여줬다. 채린이의 팔목은 지수와 혜미에 비할 바가 못 되었다. 지수와 혜미는 자해 흔적이 희미했지만 채린이의 팔목은 새살이 돋아나 하얗게 변한 모습이 세 줄로 나 있었고 그 흔적은 제법 굵었다.

"아니 왜? 이런 행동을…."

나는 말문이 막혀 그 다음 말이 나오질 않았다.

"선생님 재네들 미쳤어요. 또라이들 같아요. 저런 짓을 왜 해요?"

우리들이 모여 있자 슬쩍 다가왔던 영민이가 한마디 했다.

"야~!!! 이영민, 너 뒤질래? 어디서 함부로 주둥이를 놀리고 그래? ×× 같은 게!"

지수와 혜미는 영민이를 향해 걸쭉한 육두문자를 날리고 필통을 집어던지며 쫓아냈다.

영민이는 필통에 맞지 않으려고 도망을 가며 "니들이 미친×들이지." 하며 욕으로 맞받아친다.

나는 걱정스러운 마음으로 아이들의 손을 번갈아 잡으며 "왜 그랬어?" 하고 물으니 세 명은 동시에 입을 모아 "재밌잖아요." 하며 또 까르르 웃는다.

재미 삼아 놀이 삼아 누가누가 많이 하나, 누가누가 깊게 상처를 내나 하며 노는 요즘 아이들을 보며 나는 종이에 손을 베일 때의 쓰라림이 떠올라 부르르 온몸을 떨었다.

사례:
나만 없어지면 될까?

준기는 안방에서 엄마와 아빠가 싸우는 소리가 들리자마자 이어폰을 귀에 꽂고 볼륨을 높였다. 준기의 성적이 떨어진 것이 원인이 되어 부모님의 싸움이 시작되었다. 아무리 볼륨을 높여도 악을 쓰고 싸우는 소리가 이어폰을 파고 들어와 들린다.

"내가 밖에서 돈을 벌려면 얼마나 굽실거리고 비위를 맞추며 다녀야 하는지 알기나 해? 그런데 당신은 집에서 하는 일이 뭐야? 준기 키운다며 다니던 직장도 그만뒀으면 뭔가 결과물이 있어야 할 거 아냐? 성적이 갈수록 떨어지는데 당신은 도대체 뭘 한 거야?"

"나는 뭐 집에서 놀기만 한 줄 알아요? 나도 집안 살림하랴 준기 학교 학부모회 참석하느라 불려 다니고, 학부모들 만나서 정보 캐고 다니느라 바쁘다고요. 그리고 내가 그렇게 열심히 학교 다니면 뭐해요. 내가 대신 공부해요? 준기가 안 하는 걸 나보고 어떡하라고 나를 쥐 잡듯이 잡아요?"

"그러니까 왜 애 키운다고 잘 다니던 회사까지 집어 치우고 그러냐고? 놀고 싶어서 그만 둔거면서 준기 핑계 댄 것 아니냐고?"

"당신은 내가 회사 그만 둔 것이 그렇게 못마땅해요? 그러면 내가 다시 회사 다니면 될 것 아녜요. 그리고 당신은 뭘 그렇게 잘 한다고 나만 들들 볶아요. 맨날 회사 일 핑계대고 술이나 마시고 들어오면서."

"내가 술을 먹고 싶어서 먹는 거야? 거래처에 잘 보여야 하니까 어쩔 수 없이 먹는 거지. 남자가 사업하면 그럴 수도 있지. 당신은 준기 뒷바라지 한다고 회사 그만 뒀으면 준기 성적이 올라야 될 거 아니야. 오르기는커녕 갈수록 점점 떨어지는데 말로만 신경 쓰고 준기 핑계대고 싸돌아 다니는거 아니냐고."

"똑같은 소리, 똑같은 소리 지겨워요. 내가 언제 놀러 다녔다고. 실력 있는 과외선생 어렵게 섭외해서 비싼 돈 주고 과외 시켜봐도 안 되는 걸 어쩌라구요. 당신네 식구들 닮아서 머리가 돌대가리라서 그런가 보죠."

"뭐라고? 아니 이 ×이 미쳤나."

아빠가 뭘 집어 던졌는지 와장창 소리가 난다. 준기는 자기 때문에 하루가 멀다 하고 싸우는 부모를 보면서 나만 없어지면 다 해결될 것 같다는 생각을 한다. 공부를 하려고 책을 펴 봐도 머릿속에 늘 어오지도 않고 죽고 싶은 생각만 든다.

사례: 싸우지 마세요, 나도 잘하고 싶어요

저녁 준비를 하면서부터 엄마는 이미 화가 나 있는 것 같다. 재료를 다듬을 때도 그릇을 씻을 때도 조심성 없이 일부러 들으라는 듯이 요란하게 소리를 내며 저녁 준비를 한다. 오랜만에 술도 안 마시고 일찍 들어온 아빠는 참다 소리를 지른다.

"좀 조용히 못 해? 나 들으라는 거야 뭐야?"

"아니, 음식을 만드는 데 어떻게 조용히 해요?"

"하기 싫으면 하지 마. 나도 그따위로 하기 싫어서 억지로 만든 음식 안 먹어. 독을 넣었을지, 침을 뱉었을지 내가 어떻게 알아."

"하이고~ 먹기 싫으면 먹지 마요. 잘 생각했네, 나도 하기 싫었는데 잘됐네."

"뭐라고? 하기 싫다고? 내가 요즘 돈 못 번다고 무시하는 거야 뭐야. 그동안 먹고 산 게 누구 덕인데 요 몇 년 돈 못 번다고 사람 무시하고 그래. 그러는 넌 한 푼이나 벌어왔냐?"

"나도 요즘에 설거지 알바 하고 있어요. 이거 왜 이러셔. 구정물에 손 담그고 하다보면 손이 퉁퉁 불어. 설거지를 많이 해서 손마디가 쑤신다구. 당신이 돈만 잘 벌어다 줘봐. 내가 무시당하면서 그런 일 하나."

"내가 돈 안 벌고 싶어서 그러냐? 경기가 안 좋은데 나보고 어쩌라고. 그러면 돈을 훔쳐오라는 거야 뭐야? 나도 힘들어. 나도 힘들다고 나는 뭐 맘 편한 줄 알아."

"맨날 술 먹을 돈은 있고 집에 갖다 줄 돈은 없지."

"그래서 술 안 마시고 오랜만에 일찍 들어왔는데 이러면 나보고 다시 나가라는 거지?"

"누가 나가래요? 내가 언제 나가라고 했냐구요?"

"아니 지금 행동하는 것이 마치 나보고 나가라는 것이지 뭐야?"

"아니 일찍 들어올 거면 미리미리 전화를 하던가, 맨날 술 먹고 2시 3시에 들어오더니 오늘은 무슨 바람이 불어서 이렇게 일찍 왔대?"

"지금 일찍 들어온 게 불만인거지? 그래 나간다. 나가. 에이~씨!"

아빠는 TV 리모컨을 집어 던지고 문이 부서져라 닫고 밖으로 나가 버렸다. 리모컨은 배터리가 튕겨져 나오고 박살이 나버렸다.

오늘도 엄마와 아빠는 한바탕 싸움을 했다. 아빠가 늦게 들어오면 늦게 들어온다고 싸우고, 일찍 들어오면 일찍 들어와서 싸운다.

주은이는 제 방에서 귀를 틀어막고 숨죽여 울었다.

아빠의 사업이 어려워지면서부터 엄마와 아빠는 매일 싸웠다. 아빠와 엄마가 싸울 때면 주은이는 잠을 잘 수가 없었다. 주은이는 엄마와 아빠가 싸우는 것이 자기 때문인 것 같아서 견딜 수가 없었다. 공부를 하려고 책을 봐도 집중을 할 수가 없어서 성적은 점점 떨어졌다. 그러다보니 주은이의 성적으로 엄마와 아빠는 서로를 탓하며 싸우는 날도 많아서 주은이는 자신이 부모님에게 도움이 안 되고 쓸모없는 사람인 것 같아 죽고 싶은 생각도 들었다. 학교를 가도 멍하니 창밖만 쳐다보며 한숨을 쉬고 가만히 있어도 눈물이 났다.

사례: 나는
투명인간이 아니야

대부분 수업 시작 전 미리 교실에 도착해 쉬는 시간 아이들이 활동하는 것을 지켜본다. 쉬는 시간에 아이들이 활동하는 것을 지켜보면 대략 아이들의 기분이나 그날 반의 분위기를 파악할 수가 있다. 오늘도 여전히 친구들과 낄낄거리며 장난을 치는 남학생들의 모습을 보니 한 주 동안 잘 지냈다는 것을 알 수 있다. 친구들과 삼삼오오 모여서 아이돌 얘기를 하는 여학생들을 보면 지난 한 주를 짐작할 수가 있다.

그런데 오늘도 진서는 보이지 않는다. 잠시 후 수업 종이 울리고 나서야 진서는 뒷문을 열고 들어와서 조용히 자리에 앉는다. 진서는 자리에 앉자마자 담요를 뒤집어쓰고 책상에 엎드린다. 처음 수업을 위해 교실에 들어왔을 때부터 5주가 지난 오늘까지 변함없는 모습이다. 그러나 어느 누구도 진서에게는 관심이 없고 마치 투명

126

인간처럼 취급을 한다.

진서는 작은 키에 비해 몸무게는 초고도 비만에 해당되는 체형이다. 그러다 보니 친구들에게는 늘 놀림감이 되고 왕따를 당하고 있다. 진서가 왕따를 당해서 힘들어하는 것을 진서 아버지가 알게 되었고 진서 아버지는 초등학교 때 학교로 찾아와 교실과 교무실에서 행패를 부렸다. 그런데 진서를 위하는 마음만 앞서 폭력적인 방법으로 난동을 부려 오히려 진서를 더욱 더 고립시키는 결과를 낳게 되었다.

중학생이 된 이후에 친구들은 아예 진서를 없는 존재로 여기고 무시하였다. 진서와 아버지의 소문은 이미 중학교에서도 자자했다. 괜히 진서와 엮이면 골치 아픈 일에 연루될까봐 모두 슬금슬금 피했다. 진서는 수업이 끝나는 종이 울리면 화장실에 들어가 있다가 수업 시작종이 울리면 교실로 들어왔다. 점심시간에도 화장실에 들어가 있다가 아이들이 다 먹고 나올 때쯤 맨 마지막으로 식당으로 가서 점심을 먹었다. 덕분에 진서는 화장실 달걀귀신이라는 별명으로 불렸다.

담임 선생님은 진서가 비만으로 오랫동안 왕따를 당해서 살을 빼기 위해 무리하게 굶다가 쓰러진 적도 있다고 했다. 굶다가 못 견뎌 폭식을 하는 행동이 반복돼 오히려 요요 때문에 학기 초보다 체중이 더 나간다고 했다. 그로 인해 자존감이 떨어지고 우울증이 심각해 화장실에서 자해를 한 적도 있고 학교 옥상에 올라가 있는 것이 발견돼 학교가 뒤집힌 적이 한두 번이 아니라고 했다. 그나마 최근에는 상담을 하고 있어 지금은 우울증이 많이 좋아졌으나 언제 또 자해를 할지 모르니 진서를 자극하는 말이나 행동은 절대 하지 말라는 당부를 하셨다. 담임 선생님도 진서 아버지가 초등학교 때 학교에 찾아와 난동을 부린 사건을 알고 계셔서 진서를 자극하지 않으려고 조심을 하는 눈치였다.

가면우울증
(Masked Depression)

우울증은 우리나라에서뿐만 아니라 전 세계적으로 흔하면서도 심각한 질병인데 점점 증가하는 속도가 가파르다. 이미 수년 전에 세계보건기구WHO는 인류에게 부담을 주는 10대 질환 중 3위로 우울증을 꼽았다. 향후 2030년경에는 우울증이 1위가 될 것이라고 예측한다. 우울증이 위협적인 이유는 우울 그 자체보다는 우울과 자살위험성과의 관련성 때문이다. 우울과 자살 위험성 간의 관련성은 매우 높다. 자살 사망자의 90% 이상이 정신질환을 겪는데 그중에 우울증이 차지하는 비율은 80%에 육박한다. 그만큼 자살과 우울증은 공병율의 수치가 높다.

이처럼 건강과 생명에 치명적일 수 있는 우울은 비단 어른들에게서만 나타나는 증상이 아니고 청소년들에게서도 여러 가지 양상으로 나타나고 있다. 한 조사에 따르면 청소년 세 명 중 한 명꼴로 학업과 성적, 가정불화, 친구관계 등으로 인해 스트레스를 받고 있으며, 네 명 중 한 명은 우울을 경험한 적이 있는 것으로 조사됐다. 높은 수치가 말해 주듯이 우울을 가볍게 지나칠 수 있는 상황이 아닌 것이다.

또한 죽고 싶다는 생각을 해 본 적이 있냐는 질문에 가끔 자살을 생각한다는 답변이 24.3%의 응답률을 보였고, 자주 자살에 대한 생각을 한다는 비율은 2.6%였다. 즉 네 명 중 한 명은 자살에 대한 생각을 한다는 것이다. 이제 더 이상 청소년들의 우울과 자살에 대해 방관할 수만은 없고 국가적으로 대책마련이 시급하다.

청소년들의 우울은 성인들의 우울과는 다른 형태로 나타난다. 성

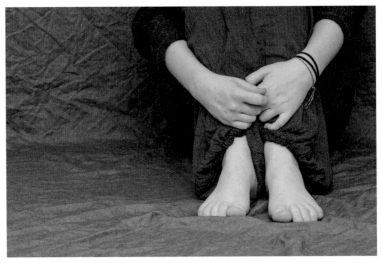

우울증은 전 세계적으로 가장 심각한 질병이 되어가고 있다.

인 우울은 허무하고 절망적이고 무기력한 증상을 보이는데 반해 청소년들은 인지, 사고, 감정 등의 발달이 성인에 비해 미성숙하기 때문에 겉으로 보아서는 우울한 감정을 알아내기가 쉽지 않다. 이런 특성으로 인해 청소년의 우울을 본모습을 감춘 채 가면을 쓰고 있는 것 같다고 해서 가면우울증Masked depression이라는 표현을 사용하기도 한다. 그러나 겉으로 우울의 모습이 드러나지 않았을 뿐 내재된 우울한 기분은 일반인들의 우울증과 다르지 않다.

청소년 우울증상은 짜증이나 예민함으로 나타나거나 공격적이고 충동적인 행동으로 나타나는 경우가 많다. 특히 특정한 것에 지나치게 몰두하고 집착하다가도 금방 흥미가 떨어져 짜증을 보이기도 하는 등 마치 롤러코스터를 타는 것처럼 감정 기복이 심하게 나타난다. 의학적으로는 특별한 문제가 없음에도 불구하고 두통이나 복통 같은 신체적 고통을 호소하기도 한다.

또한 청소년우울증 증상을 가진 청소년들은 이유 없이 성적이 급격히 떨어지기도 한다. 갑자기 식욕이 왕성해서 폭식을 하거나 식욕이 없다고 먹는 것을 거부하기도 한다. 그 외에도 인터넷이나 스마트폰 게임 중독 증상이 나타나거나 지나치게 외모에 집착하기도 해 거울을 들여다보는 시간이 늘어나기도 한다. 다양한 품행 문제를 일으키거나 비행을 저질러 부모들을 놀라게 하기도 한다.

이처럼 평소와 다르게 일탈적인 증상이 나타나거나 요동치는 감정의 변화 등을 보고 부모님들은 자녀가 사춘기의 반항을 한다고 오해를 하기 십상이다. 그래서 때가 되면 괜찮아질 것이라며 방치를 하거나 갈등을 겪기도 한다. 하지만 사춘기에 겪는 일시적 일탈이 아닌 우울증이라면 우울증의 특성상 재발율도 높고 자칫하면 은둔형 외톨이나 심하면 자살에 이를 수도 있다. 그러므로 자녀가 이런 증상을 보인다면 그저 중2병이려니, 혹은 사춘기려니 하고 가볍게 넘기지 말고 청소년우울증이 아닌지 관심을 갖고 잘 살펴봐야 한다.

청소년들은 어른들보다 좌절경험이 적고 상황에 따른 대처능력이 미숙하다. 그렇기 때문에 좌절하거나 자존심에 상처를 받으면 견뎌 내거나 이겨낼 힘이 약하다. 발달과정상 인지 정서적으로 미숙하고 심리적으로도 불안정하며 학업 및 성적, 진학 등으로 인한 스트레스도 최고조에 달하는 시기이다. 그런 여러 가지 이유들 때문에 우울증에 취약하고 우울증을 느끼는 청소년들이 증가할 수밖에 없는 상황이다.

또한 OECD 다른 국가들에 비해 우리나라 청소년들은 학업과 성적을 비교하여 줄 세우는 성과 위주의 시스템이기 때문에 우울증이 발생할 비율이 높다고 할 수 있다. 실제로 자살률은 OECD국가 중 1위라는 불명예스러운 기록을 세웠고 우리나라 청소년 사망률 1위 역시 자살이다.

청소년 우울증의
증상

그렇다면 이렇게 위험한 우울증을 어떻게 알아볼 수 있을까? 우울증을 나타내는 증상을 알아보면 다음과 같다.

❶ 우선 평소와는 다르게 사소한 일에도 쉽게 짜증을 내거나 울음을 터뜨린다. 평소라면 아무렇지 않게 넘어갈 일에도 예민하게 반응을 하며 일이 마음대로 안 되면 금방 포기하고 울음으로 감정 표현을 한다.

❷ 특별한 의학적 원인은 없는데 복통이나 두통을 호소하고 여기저기 자주 아프다고 한다. 병원을 가서 진찰을 해봐도 뚜렷한 원인이 나타나지 않는데 정작 본인은 두통을 호소하는 등 통증을 호소한다. 심리적인 증상이 몸으로 나타나는 신체화

현상을 겪게 되는 것이다. 몸으로 증상을 표출함으로써 얻게 되는 가족들의 보살핌이나 배려, 보상 등 2차적인 이득secondary gain이 있기 때문에 신체화 현상을 보이는 것이다.

❸ 평소 온순하던 아이가 과잉행동을 하며 과격해져서 물건을 던지거나 극단적인 말을 한다. 제 뜻대로 이루어지지 않으면 쉽게 분노하고 반항적이며 적대적인 행동을 한다.

❹ 얼굴 표정이 어둡고 밖에 잘 나가려 하지 않고 자꾸만 혼자 방에만 있으려고 한다. 표정이 어둡고 사람들과 어울리는 것을 피하고 방에 틀어박혀 혼자 있는 시간이 늘어난다. 심해지면 사회생활을 거부하고 방에만 틀어박혀 있는 은둔형 외톨이인 히키코모리引きこもり로 발전하는 경우도 있다.

❺ 말수가 적어지고 평소에는 즐기던 일들에 더 이상 별다른 흥미를 느끼지 못한다. 매사에 의욕이 없고 심드렁해 한다. 뭔가를 시작하려고 하는 것 자체를 귀찮아하며 사는 것이 재미가 없고 일상에서도 지루함을 느낀다.

❻ 일기장이나 노트에 죽음에 관한 낙서를 자주 해서 쉽게 발견할 수 있고 친구와의 대화에서도 은연중에 죽음, 외로움, 허무함 같은 단어를 많이 사용한다.

❼ 평소와 달리 사소한 실수에 '미안하다. 죄송하다'라는 말을 자주 하는 등 죄책감을 갖거나 낮은 자존감을 보인다. 학교생활이나 친구관계에서 평소와 다르게 위축된 모습을 보이거나 교사나 부모와 같은 권위적 대상과의 갈등을 빚는 경우가 많으며 갈등이 생겼을 때 해결하고 대처하는 능력이 떨어진다.

❽ 사고 진행과정이 느려 학습능력이 떨어지고 스스로 바보가 된 것 같은 느낌을 호소한다. 집중력이 저하되고 쉽게 주의가 산만해지는 경우가 많고 그로 인해 당연히 학업성적은 떨어질 수밖에 없다.

❾ 식사를 거부하고 잠을 쉽게 이루지 못해 멍하니 있다. 과도하게 음식을 섭취하고 음식에 집착을 보이는 등 폭식의 증상이 나타나기도 하고, 반면에 음식 섭취를 거부하는 증상과 같은 식욕에 변화가 생긴다. 무기력한 상태로 하루 종일 잠만 자거나 잠을 못 이뤄 불면증을 겪는 등 수면시간에 변화가 생기기도 한다.

❿ 우울증이 심한 단계에 이르면 실제로 들리지는 않지만 마치 들리는 것 같은 '환청幻聽, illusion'이나, 비합리적이거나 논리적으로 모순이 있음에도 불구하고 잘못된 믿음을 갖고 있는 망상妄想, delusion이 나타난다.

큰 죄를 지었다는 '죄책망상', 벌을 받아야 한다는 '처벌망상' 및 자신과 전혀 관계가 없음에도 자신과 연관이 있다고 믿는 '관계망상'과 같은 현실과 동떨어진 잘못된 믿음이 생긴다. 이런 경우에는 비합리적이고 잘못된 생각이라고 부모님이나 주변에서 설득을 해도 교정이 어렵기 때문에 전문의의 도움을 받는 것이 좋다.

청소년 우울증의
원인

　이렇게 청소년 우울증을 유발하는 스트레스 원인이 무엇인지를 살펴보자.

　먼저 친구관계에서 오는 어려움을 꼽을 수가 있다. 청소년기는 또래관계가 매우 중요해지는 시기이다. 이 시기에는 낳아 주신 부모님보다 친구의 영향을 훨씬 더 많이 받는다. 그만큼 친구가 차지하는 비중은 크다고 할 수 있다. 그러다보니 친구관계에서 경험하는 따돌림이나 소외감 등은 우울증으로 발전할 수 있다. 서로 비밀을 공유하며 우정일기를 주고받은 영혼의 단짝 같은 친구를 갖고 있다면 세상을 다 가진 기분이다. 하지만 그토록 중요하게 생각하는 친구들로부터 따돌림을 당하거나 소외감을 느낀다면 내가 가진 우주가 폭발하는 것 같은 절망감과 고통을 받을 수 있다.

청소년기의 인간관계에서 오는 스트레스는 우울증을 유발할 수 있다.

다음은 학업과 성적, 진로에 대한 고민을 꼽을 수 있다. 성적으로 줄 세우기, 입시스트레스로 인한 불안감, 좌절감은 우울증을 유발할 수 있다. 한 조사에 따르면 성적이 상위권일수록, 부모의 기대치가 높을수록, 학원에 많이 다닐수록 우울증에 걸릴 확률이 높다고 한다. 불확실한 진로 역시 우울증을 높이는 데 한몫한다. 불행하게도 학업과 관련한 고민이 높을수록 기억력과 집중력은 저하하는 양상을 보이며 두통, 소화불량을 비롯한 각종 신체증상이 나타나기도 한다.

일반적으로 청소년 우울증은 원인이 자신에게 있기보다는 친구 관계나 가정환경, 성적, 진로문제 등 외부 환경에 영향을 많이 받기 때문에 외부 환경을 바꿔주거나 그것이 어렵다면 생각이나 관점을 바꿔주는 작업을 하는 것만으로도 도움이 된다.

마지막으로 가정불화를 비롯한 각종 스트레스 사건이다. 부모님의 싸움이나 부모님의 이혼 등에 대해 청소년들은 자신이 원인을 제공했다며 자책을 하는 경우가 많다. 집안의 분위기를 감지하는 능력이 발달해 눈치를 보는 일이 많다. 부모님의 일거수일투족을 관찰하는 등 아이의 신경은 온통 부모님에게 가 있다. 그러다 보니 당연히 공부에 집중할 수 없어 성적저하로 이어진다. 이런 일들에 반복적으로 노출됐을 경우 역시 극심한 스트레스를 겪을 수 있고 다양한 신체증상과 자기 비하, 자존감 하락 등 우울증상의 전형적인 모습이 나타난다.

부부싸움이
자녀에게 미치는 영향

　부부싸움을 자주 하는 가정에서 자란 아이들은 공격적인 성향을 갖게 될 확률이 매우 높다. 부모의 싸우는 모습을 보면서 나도 모르게 학습이 되기 때문이다. 또한 불안과 공포를 느끼고 긴장된 상태가 지속되다 보니 심할 경우 공황장애를 비롯한 각종 정서장애를 겪기도 한다. 그러다 보면 우울하고 대인관계에 있어서도 소극적이거나 사소한 것에도 폭발하는 폭력적인 성향을 띠게 되기도 한다.

　부부싸움은 의외로 아이들의 외모에도 영향을 미친다. 부부싸움을 자주 하고 행복하지 않은 가정에서 자란 아이들은 표정이 굳어 있고 낯빛이 어두워지기 쉽다. 또한 위축되고 긴장된 상태가 지속되고 정서적으로 불안하다 보니 언어적인 표현력뿐만 아니라 비언어적인 표현력도 부족할 가능성이 높다. 즉 부정적인 정서가 얼굴에 분포되어 있는 각종 근육에도 영향을 미치기 때문에 표정이나 외모에 영향을 준다.

부부싸움은 으레 고성과 막말이 오가고 심한 경우 물건을 부수거나 폭행으로 이어지기도 한다. 그런 상황을 지켜보는 아이는 아무것도 할 수 없다는 생각에 무기력함과 부부싸움의 원인이 자신 때문이라는 죄책감을 느끼게 된다. 공포스럽고 불안한 시간을 견뎌내야 하는 아이는 세상이 무너지는 것 같은 절망감과 부모로부터 버려질 수도 있다는 유기불안을 느낀다. 우리나라 부부들은 사소한 말다툼에서 시작해 점차 확대되어 가는 싸움의 양상을 보이며 비교적 싸움이 잦은 편이다. 왜냐하면 대화와 토론 문화에 익숙하지 않아 내 의견을 전달하는 것이 서투르기 때문이다. 오랜 시간 이어진 주입식교육으로 인해 배우자에게도 일방적으로 자신의 생각을 강요하거나 배우자가 내 마음을 알아주기만을 바란다. 그러나 말을 하지 않으면 상대방은 알 수가 없다. 오죽하면 말하지 않으면 귀신도 모른다는 속담이 있을까. 대화하고 토론하는 문화는 가정의 기본 단위인 부부관계에서부터 시작해야 한다.

또한 아이의 연령에 따라 부부싸움이 미치는 영향도 다르다. 영유아의 경우에는 주양육자에게 생존에 필요한 모든 것을 의존할 수밖에 없다. 아이가 어려서 모를 것 같지만 단지 말로 표현을 할 수 없을 뿐이다. 아이는 부부싸움을 한 뒤 엄마가 화가 나 있으면 엄마의 감정을 그대로 흡수한다.

사람은 살아가는 데 필요한 중요한 정보들을 기억으로 저장하는데 그 역할을 하는 것이 신경세포 시냅스이다. 기억과 학습, 감정에 관여하는 실체가 시냅스인데 2세 무렵에 가장 활발하게 시냅스가 형성된다. 한참 시냅스가 활성화되는 시기에 아이는 엄마로부터 공포와 우울감을 전수받는 것이다. 이처럼 부부싸움이 잦은 경우 영유아기 때 이루어져야 할 발달에 지장을 받게 되고 심한 경우에는 퇴행현상을 보이기도 한다.

또한 생후 2년 이내에 주양육자와의 애착관계가 형성되어야 한다. 그런데 주양육자와 애착관계를 형성할 시기에 애착에 문제가 생기면 향후 대인관계에 있어 다양한 문제가 생기기도 한다. 이시기의 아이에게 있어 주양육자인 부모는 온 우주이자 세상의 중심이다. 그런 부모가 소리를 지르고 싸운다는 것은 온 우주가 무너져 내리고 세상이 뒤집히는 것 같은 충격이고 불안이고 공포이다.

24개월 이후의 아이가 부부싸움에 자주 노출되는 경우 우울하고 소극적이거나 공격적인 아이로 자랄 수 있다. 그로 인해 자신의 욕구를 제대로 표현하지 못하고 먹는 것, 자는 것, 즐거움 등 기본적인 욕구마저 억제하게 된다. 한창 호기심이 왕성해 세상에 대한 궁금증이 생길 때이지만 호기심을 억제하게 되는 것이다. 희노애락 등 감정과 공감 능력이 발달할 시기이지만 감정표현을 억제한다. 그러다보니 자존감은 하락하고 자기비하를 하며 긍정적인 정서보다 부정적인 정서에 민감하다. 당연히 또래들과의 놀이에도 참여하지 않게 되고 그 나이 때 배워야 할 사회성을 배우지 못하게 되어 이후 대인관계에 부적응적인 태도를 보이게 된다. 세상과의 교류를 택하는 대신 엄마와 가정을 돌보고 지켜야 한다는 책임감이 생겨 나이에 맞지 않는 부모화Parentification의 모습을 보이기도 한다. 잘못하면 버림받을지도 모른다는 유기불안을 느껴 설거지를 하고 방청소를 하는 등 집안일을 도우며 잘 보이기 위한 착한 행동을 하는 경우도 많다.

현명한
부부싸움의 기술

　30여 년 동안 각기 다른 환경에서 살다가 부부의 인연으로 만나 결혼을 하고 함께 살면서 싸움을 하지 않고 산다는 것은 불가능에 가깝다. 만약 싸움을 하지 않는다는 부부가 있다면 그럴 경우에는 한쪽이 일방적으로 다른 한쪽에게 져 주고 맞춰 주고 있다는 뜻이다. 하지만 그런 밀월 관계는 오래가지 않아 갈등이 생긴다.

　부부가 싸움을 한다는 것은 헤어지기 위한 과정이 아니다. 어떻게든 조율을 해서 같이 살아 보려고 하는 과정이다. 헤어지기 위해서라면 굳이 피폐해지고 소비적인 싸움을 할 필요가 없는 것이다. 그렇다면 같이 오래오래 잘 살기 위해 하는 싸움이라면 부부에게도 자녀에게도 상처가 남지 않도록 현명한 싸움의 기술이 필요하지 않을까? 기왕 해야 할 부부싸움이라면 어떻게 하는 것이 현명한 싸움일까? 거기에 대해 한번 알아보자.

현명한 부부싸움의 기술은 자녀를 위해서도 반드시 필요하다.

우선 부부싸움을 하게 될 때에는 될 수 있으면 아이들의 눈에 띄지 않도록 아이들이 없는 때를 택하거나 아이들이 없는 공간에서 싸움을 하는 것이 좋다. 그래야 아이들에게 불안과 공포를 느끼게 하지 않을 수 있다. 물론 아이들이 부부싸움을 목격하지 못했을지라도 집안에 흘러 다니는 냉랭한 공기로 알아차릴 수 있겠지만 적어도 직접적으로 싸우는 모습만은 보이지 않도록 하자.

피치 못해 아이들 앞에서 부부싸움을 하게 되더라도 부부싸움을 하게 된 상황에 대해 설명을 해줌으로써 아이가 이 상황을 이해할 수 있도록 해야 한다. "너도 친구들과 생각이 다를 때 싸우기도 하는 것처럼 엄마, 아빠도 생각이 달라 생각을 맞추어 가는 과정이야."라고 설명을 해줘야 아이가 불안하지 않을 수 있다.

그리고 아이 앞에서 싸우게 되어 미안하다고 사과를 해야 한다. "너 없을 때 엄마랑 아빠랑 얘기를 했어야 하는데 그러지 못해서 정말 미안해. 다음에는 조심할게." 이렇게 아이에게 얘기를 함으로써 아이는 불안한 마음보다는 이해를 구하는 대상으로 부모를 바라보게 되고 이해를 할 수 있게 된다.

또한 싸움의 원인은 "너 때문이 아니고 엄마와 아빠의 의견이 달라서 조율하는 과정이야."라고 분명히 얘기한다. 아이들은 부모의 싸움의 원인이 자기 때문이라는 책임감을 느끼는 경우가 많은데 싸움의 원인에 대해 분명히 밝힘으로써 부모의 싸움에 대한 책임감에서 벗어날 수 있다.

부부싸움 후 무엇보다 가장 중요한 것은 아이에게 화해하는 모습을 꼭 보여줘야 한다는 것이다. 비록 부부 사이에는 감정의 찌꺼기가 남아 있을지라도 억지로 화해하는 모습을 연출해서 보여준다. 부모가 의견이 달라 싸울 수도 있지만 화해를 하는 모습을 보여준다면 비로소 아이도 불안감에서 벗어나 안정감을 느낄 수가 있다. 그리고 아이 또한 현명한 싸움의 기술을 학습하여 이후 대인관계에 있어서도 적용을 해 성숙한 대인관계 패턴을 가질 수 있다.

부부싸움 후
피해야 할 행동

　아무리 감정이 격해져 싸움을 하게 되더라도 꼭 피해야 할 행동이 있다.

　첫 번째로 헤어지자는 말을 하지 말자.

　흔하게 볼 수 있는 것으로 부부가 싸움을 하면서 감정이 격해지면 "그래, 우리 헤어져." 또는 "이혼해." 하는 말을 하는 경우가 많다. 하지만 아이들 앞에서 그 말만은 절대 하지 말아야 한다. 헤어지자는 말은 부부 사이에서 농담 삼아 해서도 안 되는 말이다. 더군다나 아이 앞에서는 무슨 일이 있어도 결코 하면 안 되는 말이다. '부부싸움은 칼로 물 베기'라는 말이 있듯 부부가 싸울 때는 격렬했던 감정이 올라와 뱉은 말이지만 싸우고 난 뒤 잊어버리거나 싸울 때마다 습관처럼 하는 말로 치부할 수 있다. 하지만 아이들에게 그 말은 마른하늘에 날벼락 같은 말이다. 아이들은 그 말을 액면 그대로 받아들이기 때문에 불안과 두려움을 느끼게 되고 심한 경우 엄마 아빠가 이혼하게 되면 나는 버려질지도 모른다는 유기불안을 느끼게 된다. 아이들이 유기불안을 느끼며 자라게 되는 경우 경계선 성격장애 Borderline personality disorder를 비롯해 다양한 성격장애를 겪기도 한다. 그렇기 때문에 "헤어져!"라는 말은 절대로 해서는 안 되는 말이다.

두 번째 아이들에게 심판자의 역할을 맡기지 말자.

주변을 둘러보면 부부가 싸우면서 아이들에게 자신의 생각을 강요하며 누가 잘못했는지에 대한 판단을 하도록 하고 아이에게 심판자의 역할을 맡기는 부모도 있다. 부모가 싸우는 것만으로도 세상이 뒤집히는 것 같은 심정인데 거기에 더해 누가 더 잘못했는지에 대한 판단까지 하라는 것은 아이에게는 너무도 가혹하다. 이 경우에 아이는 이 싸움에 대한 결과가 자기에게 달려 있다고 생각이 되어 혼란스럽고 부담감을 느끼게 된다. 부모의 싸움에 아이를 심판자로 임명하는 일 역시 결코 해서는 안 되는 행동이다.

마지막으로 아이는 부모의 감정 배설통이 아니다.

부부가 싸운 후에 아이에게 화풀이를 하는 경우가 종종 있다. 이는 자신의 불안감을 아이에게 전치Displacement시킨 경우이다. 옛말에 종로에서 뺨 맞고 한강에서 화풀이 한다거나 시어머니에게 야단맞고 개 옆구리를 걷어찬다는 말이 있다. 이 경우가 여기에 해당된다. 아이는 부모의 감정 배설통이 아니다. 부모의 싸움만으로도 공포와 불안을 느낀 아이에게 2차 가해를 하는 경우이다. 부모가 싸운 후에 자신에게 감정을 배설한다는 것을 느끼면 공포와 불안은 한층 가중될 수밖에 없다.

　부부가 의견이 다르면 대화를 통해서 해결을 하는 것이 가장 좋지만 그렇지 못해 싸움을 해야 한다면 보다 현명하게 싸워서 그 피해를 고스란히 자녀가 입지 않도록 하기 바란다.

회복탄력성
(Resilience)

회복탄력성이란 크고 작은 어려움을 이겨내고 원래 제자리로 돌아오는 것을 의미한다. 회복탄력성이란 말을 우리에게 널리 알린 사람은 심리학자 에이미 워너Emmy Werner 교수이다. 에이미 교수는 하와이 카우아이 섬에서 실시한 종단연구를 통해 회복탄력성의 중요성이라는 결과를 도출해 냈다.

지금의 카우아이 섬은 '쥐라기 공원'을 비롯한 다수의 영화를 촬영한 촬영지로서 환상적이고 신비한 자연경관을 자랑하고 있다. 하지만 1950년대의 카우아이 섬은 가난과 질병에 시달리고 범죄자나 알코올중독 환자들이 섬을 벗어나지 못한 채 고립되어 살고 있었다.

1954년 미국 본토의 연구진들은 열악한 환경에 놓인 카우아이 섬의 임신부들을 대상으로 배 속에 있는 태아가 태어나서부터 성인이 될 때까지의 삶에 대한 30년 동안의 종단 연구를 진행했다. 카

부모와 자녀의 적극적인 연대는 우울에 대한 회복탄력성을 키워준다.

우아이 섬의 신생아 833명을 30년 동안 추적 관찰하는 대형 프로젝트였다.

　연구진들은 건강을 비롯하여 가정환경, 사회 환경 등 그들이 가진 다양한 문제들은 성인이 될 때까지 어떤 식으로든 삶에 영향을 미칠 것으로 생각했다. 그래서 어떤 요인이 사회적으로 적응을 하지 못하게 하고 불행한 삶을 살아가게 하는가에 초점을 맞추고 상관관계를 밝히려고 애썼다. 특히 에이미 교수는 학대를 당하거나 부모가 이혼을 하여 버림받은 아이들을 포함하여 특별히 심각한 상황에 놓인 201명을 주목하여 관찰했다.

　관찰 결과 에이미 교수의 예상대로 결손가정에서 열악한 환경에 놓여 있는 201명의 아이들은 632명의 아이들보다는 훨씬 높은 비율로 사회적인 부적응자가 되어 있었다. 그런데 뜻밖에 에이미 교수의 예상을 깬 결과가 나타났다. 201명의 아이들 중 1/3에 해당하는 72명은 별다른 어려움 없이 유복한 가정에서 자란 아이들과 마찬가지로 긍정적이고 훌륭하게 성장을 했던 것이다.

에이미 교수는 특별히 주목했던 201명 중 긍정적이고 훌륭하게 성장을 한 72명의 젊은이들에게는 공통점이 있다는 것을 발견했다. 그들의 공통점은 어떠한 역경과 시련이 있어도 그것을 이겨내는 힘이 있었다. 에이미 교수는 그 힘을 회복탄력성이라고 했다. 그렇다면 절망적인 상황에서 연구진의 예상대로 부적응자가 되어버린 아이들과는 달리 무엇이 그들을 긍정적이고 건강하게 자라게 했는가 하는 점에 에이미 교수는 다시 의문을 갖게 되었다.

그들에게는 또 다른 공통점이 있다는 것을 에이미 교수는 알게 되었다. 72명의 젊은이들에게는 믿고 의지할 어른이 적어도 한 명 이상 있었던 것으로 나타났다. 10대의 미혼모, 부모의 이혼, 부모에게 버림받고, 부모에게 학대를 받거나 부모가 마약을 하는 등 열악한 환경 속에 처해 있었던 201명 중 72명. 그들에게는 무조건 아이의 입장을 이해해 주고 공감해 주고 수용해 주는 어른이 한 명 이상은 있었다는 것이다. 그 사람이 엄마일 수도, 아빠일 수도, 아니면 할머니나 할아버지일 수도, 혹은 이모나 고모일 수도 있다. 아이에게 무조건적인 사랑을 베풀고 언제든지 아이가 의논하고 기댈 수 있으며 아낌없이 주는 나무 같은 한 사람이 있었다. 바로 그 한 사람이 있었기 때문에 어려움을 이겨내고 더 높이 도약할 수 있었던 것이다.

자신을 믿어주고 이해해 주는 어른이 있는 아이들은 어떠한 상황에서도 자기 자신을 조절할 줄 알게 된다. 따라서 대인관계 능력이 좋아질 수밖에 없고 긍정적으로 자랄 수 있다. 그것을 증명해 준 것이 바로 이 연구의 핵심인 회복 탄력성이다. 나를 이해하고 지지해 주는 단 한 사람, 바로 사람과 사람의 관계가 그만큼 중요한 요인으로 작용을 한 것이다.

이처럼 회복탄력성이 높으면 스트레스 상황에 노출되었다 하더라도 극복할 수 있는 힘이 있고, 우울증 발병도 현저하게 낮출 수 있다.

그렇다면 회복탄력성은 어떻게 키울 수 있을까? 회복탄력성은 연습으로도 얼마든지 키울 수 있다. 우선 자녀와 좋은 경험을 많이 쌓는 것이 중요하다. 실생활에서도 자녀에게 관심을 갖고 자주 소통을 하며 관계의 중요성에 대해 깨닫도록 한다. 매사에 긍정적인 생각을 할 수 있도록 부모가 도움을 준다면 회복탄력성이 높아질 수 있다.

나의 회복탄력성 지수를 알아보자

각 문항을 읽은 후 다음과 같은 점수를 기록한다.
1. 전혀 그렇지 않다 2. 그렇지 않다 3. 보통이다 4. 어느 정도 그렇다 5. 매우 그렇다

번호	문항	1	2	3	4	5
1	나는 어려운 일이 닥쳤을 때 감정을 통제할 수 있다.					
2	내가 무슨 생각을 하면 그 생각이 내 기분에 어떤 영향을 미칠지 잘 알아챈다.					
3	논쟁거리가 되는 문제를 가족이나 친구들과 토론할 때 내 감정을 잘 통제할 수 있다.					
4	집중해야 할 중요한 일이 생기면 신바람이 나기보다는 더 스트레스를 받는 편이다.					
5	나는 내 감정에 잘 휘말린다.					
6	때때로 내 감정적인 문제 때문에 학교나 직장에서 공부하거나 일할 때 집중하기 힘들다.					
7	당장 해야 할 일이 있으면 나는 어떠한 유혹이나 방해도 잘 이겨내고 할 일을 한다.					
8	아무리 당황스럽고 어려운 상황이 닥쳐도 나는 내가 어떤 생각을 하고 있는지 스스로 잘 안다.					
9	누군가 나에게 화를 낼 경우 나는 우선 그 사람의 의견을 잘 듣는다.					
10	일이 생각대로 잘 안 풀리면 쉽게 포기하는 편이다.					
11	평소 경제적인 소비나 지출 규모에 대해 별다른 계획 없이 지낸다.					
12	미리 계획을 세우기보다는 즉흥적으로 일을 처리하는 편이다.					
13	문제가 생기면 여러 가지 가능한 해결 방안에 대해 먼저 생각한 후에 해결하려고 노력한다.					
14	어려운 일이 생기면 그 원인이 무엇인지 신중하게 생각한 후에 그 문제를 해결하려고 노력한다.					
15	나는 대부분의 상황에서 문제의 원인을 잘 알고 있다고 믿는다.					
16	나는 사건이나 상황을 잘 파악하지 못한다는 이야기를 종종 듣는다.					
17	문제가 생기면 나는 성급하게 결론을 내린다는 이야기를 종종 듣는다.					
18	어려운 일이 생기면 그 원인을 완전히 이해하지 못했다 하더라도 일단 빨리 해결하는 것이 좋다고 생각한다.					
19	나는 분위기나 대화 상대에 따라 대화를 잘 이끌어 갈 수 있다.					
20	나는 재치 있는 농담을 잘 한다.					

번호	문항				
21	나는 내가 표현하고자 하는 바에 대한 적절한 문구나 단어를 잘 찾아낸다.				
22	나는 윗사람과 대화하는 것이 부담스럽다.				
23	나는 대화 중에 다른 생각을 하느라 대화 내용을 놓칠 때가 종종 있다.				
24	대화를 할 때 하고 싶은 말을 다 하지 못하고 주저할 때가 종종 있다.				
25	사람들의 얼굴 표정을 보면 어떤 감정인지 알 수 있다.				
26	슬퍼하거나 화를 내거나 당황하는 사람을 보면 그들이 어떤 생각을 하는지 잘 알 수 있다.				
27	동료가 화를 낼 경우 나는 그 이유를 꽤 잘 아는 편이다.				
28	나는 사람들의 행동 방식을 때로 이해하기 힘들다.				
29	친한 친구나 애인 혹은 배우자로부터 "당신은 나를 이해 못 해."라는 말을 종종 듣는다.				
30	동료와 친구들은 내가 자기 말을 잘 듣지 않는다고 한다.				
31	나는 내 주변 사람들로부터 사랑과 관심을 받고 있다.				
32	나는 내 친구들을 정말로 좋아한다.				
33	내 주변 사람들은 내 기분을 잘 이해한다.				
34	서로 도움을 주고받는 친구가 별로 없는 편이다.				
35	나와 정기적으로 만나는 사람들은 대부분 나를 싫어하게 된다.				
36	서로 마음을 터놓고 얘기할 수 있는 친구가 거의 없다.				
37	열심히 일하면 언제나 보답이 있으리라고 생각한다.				
38	맞든 아니든, "아무리 어려운 문제라도 나는 해결할 수 있다."고 일단 믿는 것이 좋다고 생각한다.				
39	어려운 상황이 닥쳐도 나는 모든 일이 다 잘 해결될 거라고 확신한다.				
40	내가 어떤 일을 마치고 나면, 주변 사람들이 부정적인 평가를 할까봐 걱정한다.				
41	나에게 일어나는 대부분의 문제들은 나로서는 어쩔 수 없는 상황에 의해 발생한다고 믿는다.				
42	누가 나의 미래에 대해 물어보면 성공한 나의 모습을 상상하기 힘들다.				
43	내 삶은 내가 생각하는 이상적인 삶에 가깝다.				
44	내 인생의 여러 가지 조건들은 만족스럽다.				
45	나는 내 삶에 만족한다.				

46	나는 내 삶에서 중요하다고 생각하는 것들은 다 갖고 있다.				
47	나는 다시 태어나도 나의 현재 삶을 다시 살고 싶다.				
48	나는 다양한 종류의 많은 사람들에게 고마움을 느낀다.				
49	내가 고맙게 여기는 것들을 모두 적는다면 아주 긴 목록이 될 것이다.				
50	나이가 들어갈수록 내 삶의 일부가 된 사람, 사건, 생활에 대해 감사하는 마음이 더 커진다.				
51	나는 감사해야 할 것이 별로 없다.				
52	세상을 둘러볼 때, 내가 고마워 할 것은 별로 없다.				
53	사람이나 일에 대한 고마움을 한참 시간이 지난 후에야 겨우 느낀다.				

〈채점 및 점수 해석 방법〉

4, 5, 6, 10, 11, 12, 16, 17, 18, 22, 23, 24, 28, 29, 30, 34, 35, 36, 40, 41, 42, 51, 52, 53번 문항에 대해서는 6에서 자신의 점수를 빼고 계산한다.

예) 1에 체크했으면 6-1=5점, 2에 체크했으면 6-2=4점, 5에 체크했으면 6-5=1점이 된다.

우리나라 평균 점수는 195점입니다.

200점을 넘는다면 일단은 안심해도 되나 212점 정도 되면 상위 20%에 해당합니다. 220점을 넘는다면 회복탄력성이 높은 편이며 웬만한 일로는 흔들리지 않습니다.

• 190점 이하: 회복탄력성을 높이기 위해 노력하는 것이 좋습니다.

• 180점 이하: 당신은 사소한 부정적인 사건에도 쉽게 영향 받는 나약한 존재입니다. 당신은 회복탄력성을 빨리 길러야 합니다.

• 170점 이하: 당신은 깨지기 쉬운 유리 같은 존재라 할 수 있습니다. 작은 불행에도 쉽게 상처를 입게 되며 그 상처는 치유하기 어려울 것입니다. 하루하루 살얼음 위를 걷는 기분으로 살아온 당신은 지금 당장 회복탄력성을 높이기 위해 온 힘을 기울여야 합니다.

소아 우울 척도
(Kovacs' Children's Depression Inventory: CDI)

다음 각 문항에는 여러분의 느낌과 생각에 대한 것이 적혀 있습니다. 그중에서 지난 2주 동안의 나를 가장 잘 나타내어 주는 문장을 하나 골라 주십시오. 이것은 정답을 고르는 것이 아닙니다. 단지 자신에게 가장 잘 해당된다고 생각하는 것을 하나 골라주시면 됩니다. 왼쪽 괄호에 표시하여 주십시오.

1	나는 가끔 슬프다.
	나는 자주 슬프다.
	나는 항상 슬프다.
2	나에겐 모든 일이 제대로 되어 갈 것이다.
	나에게 제대로 되어 가는 일이란 없다.
	나는 일이 제대로 되어갈지 확신할 수 없다.
3	나는 대체로 무슨 일이든지 웬만큼 한다.
	나는 잘못하는 일이 많다.
	나는 모든 일을 잘 못한다.
4	나는 재미있는 일들이 많다.
	나는 재미있는 일들이 더러 있다.
	나는 어떤 일도 재미가 없다.
5	나는 가끔 못됐다.
	나는 못됐을 때가 많다.
	나는 언제나 못됐다.
6	나는 가끔씩 나에게 나쁜 일이 일어나지 않을까 생각한다.
	나는 나에게 나쁜 일이 일어날까 걱정한다.
	나는 나에게 무서운 일이 일어나리라는 것을 확신한다.
7	나는 난 자신을 좋아한다.
	나는 나 자신을 좋아하지 않는다.
	나는 나 자신을 미워한다.
8	잘못되는 일은 보통 내 탓이 아니다.
	잘못된 일 중 내 탓인 것이 많다.
	잘못된 일은 모두 내 탓이다.
9	나는 자살을 생각하지 않는다.
	나는 자살에 대하여 생각은 하지만 그렇게 하지는 않을 것이다.
	나는 자살하고 싶다.
10	나는 때때로 울고 싶은 기분이 든다.
	나는 울고 싶은 기분인 날도 많다.
	나는 매일 울고 싶은 기분이다.

11	간혹 이 일 저 일로 해서 성가실 때가 있다.
	이 일 저 일로 해서 성가실 때가 많다.
	이 일 저 일로 해서 늘 성가시다.
12	나는 사람들과 함께 있는 것이 좋다.
	나는 사람들과 함께 있는 것이 싫을 때가 많다.
	나는 사람들과 함께 있는 것을 전혀 원치 않는다.
13	나는 쉽게 결정을 내린다.
	나는 어떤 일에 대한 결정을 내릴 수가 없다.
	나는 어떤 일에 대한 결정을 내리기가 어렵다.
14	나는 괜찮게 생겼다.
	나는 못생긴 구석이 약간 있다.
	나는 못생겼다.
15	나는 별로 어렵지 않게 학교 공부를 해낼 수 있다.
	나는 학교 공부를 해 내려면 많이 노력하여야만 한다.
	나는 학교 공부를 해 내려면 언제나 노력하여야만 한다.
16	나는 잠을 잘 잔다.
	나는 잠들기 어려운 밤이 많다.
	나는 매일 밤 잠들기가 어렵다.
17	나는 가끔 피곤하다.
	나는 자주 피곤하다.
	나는 언제나 피곤하다.
18	나는 밥맛이 좋다.
	나는 밥맛이 없을 때가 대부분이다.
	나는 밥맛이 없을 때가 많다.
19	나는 몸이 쑤시고 아프다든지 하는 것에 대해 걱정하지 않는다.
	나는 몸이 쑤시고 아픈 것에 대해 걱정할 때가 많다.
	나는 몸이 쑤시고 아픈 것에 대해 항상 걱정한다.
20	나는 외롭다고 느끼지 않는다.
	나는 자주 외롭다고 느낀다.
	나는 항상 외롭다고 느낀다.
21	나는 학교생활이 재미있을 때가 많다.
	나는 가끔씩 학교생활이 재미있다.
	나는 학교생활이 재미있었던 적이 없다.

22	나는 친구가 많다.	
	나는 친구가 좀 있지만 더 있었으면 한다.	
	나는 친구가 하나도 없다.	
23	나의 학교 성적은 괜찮다.	
	나의 학교 성적은 예전처럼 좋지는 않다.	
	내가 예전에 무척 잘하던 과목에서 요즈음 성적이 뚝 떨어졌다.	
24	나는 다른 아이들처럼 착하다.	
	나는 내가 마음만 먹으면 다른 아이들처럼 착할 수가 있다.	
	나는 절대로 다른 아이들처럼 착할 수가 없다.	
25	분명히 나를 진심으로 좋아하는 사람이 있다.	
	나를 진심으로 좋아하는 사람이 있을지 확실하지 않다.	
	나를 진심으로 좋아하는 사람은 아무도 없다.	
26	나는 나에게 시킨 일을 대체로 한다.	
	나는 나에게 시킨 일을 대체로 하지 않는다.	
	나는 나에게 시킨 일을 절대로 하지 않는다.	
27	나는 사람들과 사이좋게 잘 지낸다.	
	나는 사람들과 잘 싸운다.	
	나는 사람들과 언제나 싸운다.	

채점 방법과 해석

• 채점 방법: 첫 번째 문장 = 0점
　　　　　　두 번째 문장 = 1점
　　　　　　세 번째 문장 = 2점

• 해석: 22점 ~ 25점 – 약간의 우울 상태
　　　　26점 ~ 28점 – 상당한 우울 상태
　　　　29점 이상 – 매우 심한 우울 상태

Kovacs. M(1983)의 소아 우울척도를 조수철, 이영식(1990)이 초등학교 고학년
을 대상으로 실시하여 한국형 소아 우울척도로 개발하였다.

베르테르 증후군과
청소년 자살

베르테르 증후군은 괴테의 소설『젊은 베르테르의 슬픔』에서 파생했지만 이제는 하나의 사회현상으로 자리 잡았다. 1774년 요한 볼프강 폰 괴테Johann Wolfgang von Goethe가 무명작가의 타이틀을 떨쳐 내는 데에 일조를 한 소설『젊은 베르테르의 슬픔』은 천재 작가의 탄생을 알리면서 전 세계적으로 많은 독자들이 생겼다. 그 당시 유럽의 많은 젊은이들이 소설 속 주인공 베르테르의 옷차림을 하고 다녔다. 주인공 베르테르는 유부녀인 롯데와의 사랑을 이루지 못하고 자살을 하게 되는데 그 후 많은 사람들이 베르테르를 따라서 죽는 사회적인 문제로 비화되었다. 이후 유명인이 자살을 한 후에 일반인들이 잇따라 모방 자살하는 현상을 베르테르 증후군이라고 한다.

우리나라도 유명 연예인의 자살사건 후에는 모방 자살이 늘어난다는 보고가 있기도 하다. 그만큼 유명인들의 일거수일투족이 여러 모로 미성숙한 청소년들에게는 많은 영향력을 미치고 있는 만큼 신중한 언행이 필요하다고 본다.

저녁식사를 하며 내내 불안한 듯 핸드폰을 들여다보던 M선생님은 기어코 미안하다는 말을 하며 먼저 자리를 떠났다. 유명 연예인 구하라의 사망 소식을 접하고부터 M선생님은 긴장하고 있었다. M선생님이 담당하고 있던 학생의 부모로부터 전화를 받고는 서둘러 자리를 떨치고 일어난 것이다. M선생님의 얼굴에는 기어코 터질 것이 터졌다는 비장한 표정이 서려있었다.

상담을 하는 선생님들은 연예인들의 자살 소식이 있으면 항상 신경이 곤두서 있다. 담당하고 있는 내담자들 중 자살 관련 생각이나 행동을 한 경우가 있다면 그야말로 비상이 걸린다. 베르테르 효과 때문이다.

자살을 생각하고 있던 내담자들은 연예인의 자살이 있고 나면 "저렇게 유명하고, 예쁘고, 멋지고, 인기도 많고, 가진 것도 많은 사람도 죽는데 나는 거기에 비하면 아무짝에도 쓸모없는 사람일 뿐이야, 나처럼 하찮은 사람이 살아서 뭐 하겠어. 나 같은 것은 죽어야 해."라는 생각을 하며 나쁜 마음을 먹는 경우가 많다. 그렇기 때문에 상담을 하는 선생님들에게 있어서 일반인의 자살도 물론이지만 베르테르 효과로 인해 연쇄자살을 일으킬 수 있는 연예인의 자살

사고만큼은 정말 없었으면 좋겠다는 생각을 갖고 있다.

　또한 언론에서도 그들의 자살 방법, 자살 도구, 자살을 연상시킬 수 있는 관련 사진 등 자살에 대해 자세히 다루는 기사를 자제해 줄 것을 신신당부한다. 지금은 그런 의견들이 반영이 되어서 언론에서도 자제를 하는 편이지만 예전에는 불필요한 정보들이 과다하게 공개되어서 수많은 모방 자살을 낳기도 했다. 지금 이 순간에도 어딘가에는 자살 관련 생각을 하는 사람들이 있을 것이다.

　우리나라에서는 하루 평균 두 명의 청소년이 죽는 안타까운 일들이 벌어지고 있다. 한국청소년정책연구원의 실태조사에 따르면 청소년 4명 중 1명꼴로 자살에 대해 생각한다는 결과가 나왔다. 이는 매우 높은 수치에 속한다. 자살을 생각하는 이유 중 40%가 넘는 높은 비중을 차지하는 것이 학교성적이고 그 다음이 가족 간의 갈등, 선후배나 또래와의 갈등 순이다. 입시위주의 사회, 성취 중심의 사회에서 학업이나 성적에 대한 스트레스가 그만큼 크다는 증거이다.

　청소년 자살과 성인 자살의 차이점으로 청소년들은 충동적인 자살이 많다. 청소년들은 스트레스 관리 능력이 부족하기 때문에 잘 지내다가도 갑작스럽게 스트레스를 받게 되면 충동적으로 자살을 하는 경우가 많다. 또한 가족이나 친구에 대한 보복으로 자살을 하는 경우도 많다. 좋아하는 연예인이 죽으면 모방심리로 자살하는 경우도 높다.

　자살을 시도하는 많은 청소년들은 자살과 관련된 경고신호를 사전에 나타내므로 잘 알아차리는 것이 중요하다. 자살시도는 여학생들이 많이 하나 실제 자살로 인해 사망으로 이어지는 비율은 남학생이 더 높다. 여학생들은 비교적 덜 치명적인 방법으로 시도를 하지만 남학생들의 경우에는 치명적인 방법을 사용하기 때문이다.

우리가 흔히 오해하는 것 중 하나로 자살에 대한 생각을 하고 있는 사람에게 자살에 대한 직접적인 언급을 하는 것은 자살을 부추기거나 감정을 자극할 것이라고 생각해 자살을 연상시키는 말을 금기시하는 경우가 많다. 그래서 자살이란 단어를 사용하기 망설이는데 이는 잘못된 생각이다.

자살을 생각하고 있는 사람에게 자살과 관련된 이야기를 하는 것 자체가 그 사람에게 도움을 주는 것이다. 많은 경우 다른 사람들이 자살에 대해 물어봐 주는 것에 안도감을 느낀다고 한다. 그렇기 때문에 혹시라도 이상 징후가 보인다면 콕 집어서 "너 요즘 자살을 생각하고 있니?"라거나 "혹시 죽고 싶다는 생각을 한 적 있어?" 하고 물어봐야 한다.

대부분의 사람들은 양가적 감정을 가지고 있다. 그래서 처음에는 자살 생각에 매몰돼 도움을 거절할 수도 있지만 지속적인 관심을 가지고 다가가면 마음의 문을 여는 경우가 많다. 누군가에게 나의 아픔을 얘기하는 순간 아픔은 더 이상 아픔이 되지 않는다.

어른들이 들으면 별것 아닌 것 같지만 자살을 생각하고 있는 청소년의 입장은 다르다. 지금 겪고 있는 자신의 문제가 가장 심각하고 이 문제는 절대 해결할 수 없다고 생각하며 내가 처한 상황이 가장 최악이라고 생각한다. 당장 문제를 해결 해주지는 못할지라도 자살에 대해 생각하고 있는지, 무엇이 문제인지를 들어주는 것만으로도 당사자에게는 큰 도움이 된다. "괜찮아, 넌 잘할 수 있어." "넌 잘 헤쳐 나갈 거야."처럼 의지를 북돋아 주는 말은 오히려 역효과를 불러일으킬 수도 있다. "그랬구나." "많이 힘들었겠다."와 같이 공감해주는 말을 하는 것만으로 자살에 대한 생각을 바꿀 수도 있다. 자신을 이해해 주고 지지해 주는 단 한 사람만 있어도 자살을 생각하지 않는 법이다.

최근 자살과 관련해 안타까운 사연이 매스컴을 탔던 적이 있었다. 자살을 시도하려는 대학생을 학교 경비하시는 분이 설득해서 살려 냈는데 관계자를 찾기 위해 잠시 자리를 비운 사이에 재차 자살을 시도해서 사망했던 안타까운 사연이었다. 이와 같이 자살을 하려는 사람을 살려 놓고도 끝까지 지키지 못하는 경우가 많다. 한 번 자살 시도를 한 사람의 경우 자신의 문제해결 방식으로 자살이라는 해결방법을 선택했기 때문에 문제에 대한 적절한 개입이 없다면 다시 자살을 시도할 가능성이 높다. 그렇기 때문에 한동안 혼자 두면 안 되고 충분히 마음이 안정이 되고 상황이 좋아질 때까지 밀착 감시하며 지켜봐 주는 것이 좋다.

PART 6

자녀교육의
핵심,
일관성

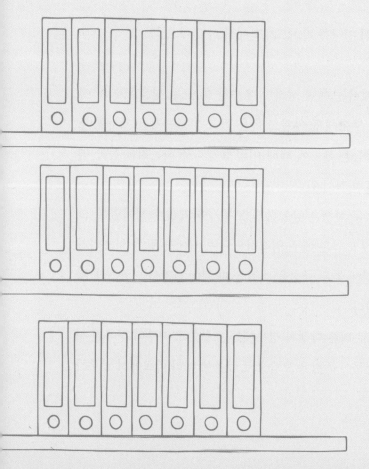

사례:
하버드대학의 두 학생 이야기

일관성에 관한 연구를 하버드대학에서 한 적이 있다.

하버드대학에서는 매년 성적이 우수한 학생 두 명을 뽑아서 이 학생들이 평소 부모에게 어떤 교육을 받고 자랐는지를 조사했다. 그리고 그 학생들은 부모에 대해 어떻게 생각을 하는지를 묻는 연구를 한 뒤 발표한 적이 있다.

그해에 뽑힌 두 학생은 공교롭게 모두 중국계 남학생이었다. 그 중 한 학생의 부모님은 매우 엄격하였으며 집에는 항상 회초리가 있었다. 만일 정해 놓은 규칙을 어겼을 때 부모님께서는 규정에 따라 체벌을 하였다.

이와는 반대로 다른 학생의 경우에는 초등학교 때부터 정해진 시간에 모든 학생들이 똑같은 모습으로 규율에 따라 학교에서 공부하는 것을 싫어했다. 부모님은 아들의 의견을 존중해 집에서 홈스쿨 링으로 주도적인 학습을 하며 자유롭게 자랐다.

교수님은 두 학생에게 부모님에 대해 어떻게 생각하느냐는 질문을 하였다.

홈스쿨링을 하며 자유롭게 자란 학생은 "저는 제 부모님을 정말 존경합니다. 만일 제가 결혼을 해서 아이를 낳아 키워도 저의 부모님처럼 잘할 수 있을지 모르겠습니다. 저를 믿고 이만큼 키워 주신 제 부모님은 정말 훌륭하십니다. 저는 그런 저의 부모님을 정말 존경합니다."라고 대답을 했다.

교수님은 체벌을 받으며 자란 학생에게도 똑같은 질문을 했다. 그 역시 "저는 저의 부모님을 무척 존경합니다. 저의 부모님은 제가 어릴 때부터 꼭 해야 할 것과 절대 하지 말아야 할 것을 명확하게 구분지어 주셨습니다. 그렇기 때문에 제가 자기관리를 잘할 수 있었습니다. 부모님 곁을 떠나 이곳에서 열심히 노력해서 공부를 잘할 수 있게 된 것 역시 부모님의 교육 덕분인 것 같습니다. 저를 이만큼 잘 키워 주신 부모님께 정말 감사드립니다."라고 말했다.

교수님은 자녀의 의견을 존중하고 자유롭게 공부하도록 지도한 부모님을 자녀가 존경한다고 했을 때 충분히 납득이 갔다. 하지만 엄격하고 경우에 따라 체벌을 하는 부모 밑에서 자란 자녀가 부모님을 존경한다고 했을 때는 고개가 갸웃거려졌다. 그래서 교수님은 그 학생에게 다시 질문을 했다.

"그렇다면 부모님이 체벌을 했을 때 억울하거나 마음에 상처가 되지는 않았습니까?"

그 질문에 대해 학생은 "전혀 그렇지 않습니다. 규칙을 정할 때는 부모님께서 일방적으로 정해서 저에게 통보하시는 것이 아니라 저와 부모님이 항상 같이 정했습니다. 저는 그 규칙을 명확하게 인지하였고 그 규칙을 어긴 것은 순전히 저의 잘못이었기 때문에 억울함이 있을 수 없었습니다. 그리고 체벌을 하신 부모님도 체벌한 것에 대해 몹시 마음 아파하셨습니다. 저 때문에 마음 아파하시는 부모님을 보고 오히려 규칙을 어긴 데 대해 죄송한 마음이 들었습니다."라고 대답했다.

두 학생의 부모는 전혀 다른 교육 방식으로 자녀를 키웠고 그 자녀들이 세계 최고의 지성인들이 모인 하버드대학에서 우수한 성적을 거뒀다. 얼핏 생각하면 체벌을 당한 자녀는 부모에 대한 원망을 갖게 될 것 같지만, 틀에 박혀 얽매인 생활을 못 견뎌하고 학교라는 울타리를 떠나 홈스쿨링을 하며 자란 학생이나 엄격한 환경에서 잘못을 했을 때 체벌을 당한 자녀나 모두 부모님을 존경한다고 했다. 그 이유는 자녀교육에 대한 일관성이 있었기 때문이다.

어떤 것이 옳고 그르냐의 문제보다는 정해 놓은 규칙을 일관적으로 지키는지 아니면 상황이나 기분에 따라 수시로 달라지는지의 문제이다. 그리고 체벌을 하며 키운 부모님이 훌륭한 점은 자녀가 지켜야 할 규칙과 관련된 부분이다. 부모님이 규칙을 만들어 일방적으로 자녀가 지키기를 강요하지 않고 부모와 자녀가 함께 머리를 맞대고 의논을 하여 규칙을 만들었다. 규칙을 만들 당시 자녀가 함께 참여하고 스스로 정했으므로 규칙에 대한 책임감을 자녀가 가질 수 있도록 했다. 그러므로 규칙을 어긴 데 대한 책임은 본인에게 있다는 것을 알기 때문에 결코 부모님을 원망할 수 없었고 오히려 규칙을 어긴 데 대한 자신의 잘못을 인정할 수 있었던 것이다.

일관성 있는
자녀교육 시키는 법

　똑같은 상황에서 어떤 경우에는 순순히 허락해 주고 어떤 경우에는 단호하게 안 된다고 하면 아이는 요구사항이 관철될 때까지 떼를 쓰고 조르게 된다. 왜냐하면 아이는 지난번에는 부모님이 허락을 해 준 적이 있기 때문에 안 된다고 하는 것을 이해하지 못하며 떼를 쓰면 허락을 해 준다는 것을 알기 때문이다.

　또한 아빠는 되는데 엄마는 안 되면 아이는 눈치를 보게 된다. 아이는 엄마보다는 아빠에게 부탁을 해야 한다는 것을 본능적으로 알게 된다. 한 술 더 떠서 아빠가 기분 좋을 때를 노리고 평소 같으면 절대 허용해 주지 않을 부탁도 과감하게 해서 원하는 것을 얻어내기도 한다. 바로 이처럼 아빠와 엄마의 비일관적인 태도가 자녀를 망치게 하는 지름길이다. 그러므로 자녀교육에 있어서는 아빠와 엄마가 일관된 원칙을 적용해야 한다.

아이가 잘 자라기를 기대한다면 부모가 일관성 있게 행동하는 것이 가장 중요하다. 부모가 일관된 모습을 보여야 하는 이유는 자녀가 어떤 행동을 했을 때 그 다음에 무슨 일이 일어날지를 예측할 수 있게 해주기 때문이다. 행동에 따른 결과를 예측하고 그에 따라 스스로 현명한 판단을 내릴 수 있는 능력을 키우는 것이 자녀교육의 궁극적인 목표이다.

예를 들자면 아이와 마트에 갔는데 장난감 코너에서 장난감을 사 달라고 떼를 쓰고 조른다. 그러면 대부분의 부모들은 처음에는 안 된다고 얘기하지만 아이가 바닥에 주저앉아 심하게 떼를 쓰고 울면 다른 사람들을 의식해서 결국 장난감을 사 주게 된다. 그러면 아이는 다음에도 똑같은 행동을 할 확률이 매우 높다. 하지만 아이가 떼를 썼을 때 장난감은 어린이날이나 생일, 혹은 심부름을 10번 했을 때, 방 청소를 깨끗하게 했을 때 등 부모님과 아이가 세운 기준에 부합될 때만 사준다고 얘기한다. 아이가 떼를 쓰거나 울어도 절대 사 주지 않는다면 아이는 떼를 써도 안 된다는 것을 알게 된다. 갖고 싶은 장난감이 있으면 어린이날이나 생일날 등 부모님과 아이가 정한 기준이 충족되는 날 장난감을 가질 수 있다는 것을 알게 되니 더 이상 떼를 쓰지 않는다. 상황에 대한 예측과 판단력, 기다릴 줄 아는 인내심이 생기며 장난감에 대한 소중함을 알게 된다. 바로 그런 점들 때문에 부모들은 일관성을 유지해야 하는 것이다.

부부간
자녀교육의 일관성

　자녀를 키우다 보면 의외로 생각하고 결정을 해야 할 것들이 너무 많다. 아이가 잘못을 했을 때 야단을 쳐서라도 바로잡아야 할지 아니면 아이가 스스로 깨달을 수 있도록 기다려 줘야 할지도 생각해야 한다. 일정한 시기까지는 아이가 맘껏 뛰어놀 수 있도록 하는 것이 좋다고 생각할 수도 있고 어려서부터 부모의 계획과 틀 안에서 아이를 조율하고 싶어 하는 부모도 있다. 홈스쿨링을 선택하는 경우도 있고, 학교 수업만으로 충분하다고 생각할 수도 있고, 반면에 선행학습 위주로 공부를 시켜서 원하는 대학에 입학시키는 것이 좋다고 생각할 수도 있다. 아이의 성향상 과외를 하는 것이 맞는지 학원에 보내는 것이 맞는지 아니면 자기주도 학습을 시키는 것이 맞는지도 판단해서 결정해야 한다. 진로에 있어서 내 아이가 이과 성향인지 문과성향인지도 파악해서 진로지도를 해야 한다.

자녀를 키우다 보면 생각하고 결정을 해야 할 것들이 많다.

이와 같이 아주 사소한 것부터 굵직굵직한 문제까지 부모의 판단
과 결정은 매우 중요한 역할을 한다. 자녀교육에 대한 가치관이 부
부가 같다면 아무 문제없다. 하지만 부부의 자녀교육 가치관이 다
르다면 상황은 달라진다. 엄마와 아빠의 가치관 사이에서 아이들은
갈팡질팡 혼란을 느낄 수밖에 없다. 진심으로 자녀를 사랑한다면
부부는 충분한 대화를 통해 의견을 조율할 필요가 있다. 부부가 일
관된 교육관을 가지게 되면 자녀는 그만큼 더 안정감을 느끼며 성
장할 수 있는 것이다.

그렇다면 어떻게 하면 부부가 자녀교육에 일관성을 유지할 수 있
을까?

우선 부부가 각자 자녀교육에 대해 많은 생각을 하는 것이 선행
되어야 한다. 즉 부부간의 대화에 앞서 자녀를 교육하는 문제에 대

한 본인의 생각을 먼저 정리해야 한다는 것이다. 나는 왜 이런 생각을 하는지를 깊이 생각해보아야 한다. 물론 자녀에 대한 나의 행동은 나의 이기심을 충족시켜주는 것이 아니라 궁극적으로 자녀를 위한 것이 전제되어야만 한다.

그 다음 자신의 생각을 배우자에게 전달하는 과정이다. 여기에서 가장 중요한 점은 나의 생각을 전달만 한다는 것이다. "내가 이렇게 하라고 몇 번이나 말했잖아?"라거나 "내가 그렇게 하면 안 된다고 분명히 얘기했을텐데"라며 나의 생각을 상대방에게 강요하는 것으로 대화를 시작하면 그 다음의 결과는 불 보듯 뻔하다.

그렇기 때문에 "나는 이러저러하게 하면 아이에게 도움이 될 것 같다는 생각을 해봤어."라거나 "그렇게 하면 아이가 힘들어하지 않을까? 그러면 결국은 안 하겠다고 포기할지도 몰라."라고 단지 자신의 생각을 배우자에게 전달한다는 생각을 가지고 서로 이야기를 나눈다.

변화의 몫은 배우자에게 넘겨준다. 배우자 역시 자녀가 잘되길 바라는 것은 나와 마찬가지일 것이기 때문이다. 내 몸에 붙은 손가락도 길이가 다 다르다. 하물며 30여 년을 서로 다른 환경에서 자랐는데 생각이 처음부터 같을 수는 없다. 만약 그런 경우라면 배우자는 자신의 것을 포기하고 상대에게 전적으로 맞춰 주는 것이 분명하다.

끊임없이 대화하고 조율하는 과정을 반복하다보면 결국은 생각이 같아지는 부분이 생긴다. 왜냐하면 오로지 자식이 잘되길 바라는 부부의 목표가 같기 때문이다. 훌륭한 부모는 하루아침에 되는 것이 아니라 끊임없이 맞춰가는 과정을 거쳐서 되는 것이다.

부모와 자녀 사이
교육의 일관성

    한 가지 사안에 대해 항상 일관성 있게 대처해 나가는 것을 말한다. 예를 들어 서준이 엄마는 평소에 항상 친구들과 싸우지 말고 사이좋게 지내고 어려운 친구들을 보면 먼저 도와주라고 얘기를 한다. 그런데 어느 날 서준이가 친구에게 맞고 들어왔다. 옷이 뜯기고 피멍이 든 얼굴을 보니 속상하고 화가 나 이유를 물어볼 생각도 없이 먼저 감정이 쏟아져 나왔다.

    "넌 왜 바보 같이 맞고 다니냐, 친구가 때릴 때 넌 가만 있었어? 그럴 때는 선빵을 날려서 콧등부터 때려야지. 코에서 피가 나면 게임 끝인데 그것도 몰라? 도대체 누구 닮아서 물러 터져 가지고 얻어맞고 다니기나 하고, 내가 너 그렇게 가르쳤어?"

    이렇듯 평소 하던 말과 행동이 상황에 따라 달라진다면 일관성이 없는 경우이다. 부모의 이런 모습에 아이는 당연히 혼란한 감정이들 수밖에 없다. 친구랑 싸우지 말고 사이좋게 지내야 하는 것인지 선빵을 날려 코피가 나게 해야 하는 것인지 도무지 알 수가 없는 것이다.

부모의 감정과 원칙이 시시때때로 변한다면 자녀들은 극심한 혼란을 느끼게 된다. 심한 경우에는 부모의 말을 무시하거나 부모의 말에 반항하는 청소년으로 성장하게 된다. 이러한 부적응적인 문제를 갖고 있는 자녀들은 일차적으로 부모에게 그 책임이 있다. 다양한 부적응적인 문제를 일으키는 학생들의 다수가 비일관적인 부모 밑에서 성장한 경우가 많은 것으로 조사됐다. 그만큼 부모의 일관적인 교육이 중요하다.

자녀들 사이의
관계에 대한 일관성

보통 자녀가 둘 이상인 경우가 이에 해당된다. 아들은 되고, 딸은 안 된다거나 형은 되고 동생은 안 된다거나, 막내는 어리니까 허용하고 위 형제들은 다 컸으니까 안 된다고 하는 경우이다. 형제자매 간에 이런 차별적인 태도를 취하는 것은 절대로 있어서는 안 된다. 어떤 사안에 대한 원칙을 정했다면 어떤 상황이라도, 어느 자녀에게라도 똑같이 적용되어야 한다. 어떤 자녀에게는 허용되고 어떤 자녀에게는 허용되지 않는다면 허용되지 않은 자녀는 당연히 불만이 생기게 된다. 불만이 생긴 자녀는 부모에게 반항을 하기에는 자신이 아직 어리다고 판단되기 때문에 같은 위치에 있는 형제자매에게 화풀이를 한다. 그러다보면 자연히 자녀들끼리의 우애에도 금이 가기 시작한다.

자녀가 여럿이 있는 부모들은 어느 집이나 막론하고 형제자매 사이에 우애 있게 지내라고 주문한다. 하지만 일관성이 없는 원칙을 적용한다면 아이들 입장에서는 받아들이기 힘든 주문이 되는 것이다. 형제자매지간에 우애 있게 지내길 바란다면 누구를 막론하고 동일한 원칙을 적용한 일관성 있는 자녀교육이 중요하다.

부모가 확고하고 일관된 원칙을 가지고 자녀를 키우면 자녀들은 예측 가능한 상황에 대한 판단력과 문제를 해결할 수 있는 현명함을 키울 수가 있는 것이다. 부모와 자녀관계에서부터 시작된 관계 패턴은 장차 사회에 나가더라도 똑같이 적용되어 대인관계에 있어, 사회생활을 하는 데 있어 매우 유용하게 쓰일 수 있는 것이다.

PART 7

부모는
아이의
거울이다

사례:
폭력은 대물림 된다

"야! 하지 마!!!"

호영이가 민지의 지우개를 샤프로 찌르자 민지가 지우개를 뺏으려고 소리를 지른다. 그러자 호영이는 민지의 지우개를 멀리 던져 버리며 욕을 하기 시작했다.

"이×이 어디서 소리를 지르고 대들고 ××이야. 너 한번 맞아 볼래?"

호영이는 민지의 얼굴에 주먹을 댔다가 뗐다가 다시 댔다가 뗐다가 하며 때릴 것처럼 위협했다.

"으앙~선생님, 호영이가 나를 때리려고 해요."

민지는 울음보를 터뜨리며 나를 다급하게 불렀다.

"왜 그래, 왜? 둘이 뭐 땜에 그러는데?"

나는 호영이에게서 민지를 떨어뜨리기 위해 민지를 감싸 안으며 둘을 번갈아 가며 쳐다봤다.

"호영이가 마니또에게 선물 받은 새 지우개를 샤프로 다 찔러서 엉망으로 만들어 버렸어요. 그래서 뺏으려고 했더니 저쪽으로 던져 버렸단 말이에요. 내 지우개 찾아내, 찾아내란 말이야."

민지는 억울한 사연을 속사포처럼 말하며 나를 뒷배 삼아 호영이에게 지우개 찾아내라고 소리를 질렀다.

"아이~ 씨, 이걸 그냥 콱~!!!"

호영이는 민지를 향해 다시 주먹을 들이댔다.

"이호영, 이건 무슨 행동이야. 친구에게 그런 행동을 하는 것은 옳지 않아."

"아이~ 선생님 민지가 마니또에게 새 지우개 받았다고 자랑을 하잖아요. 누구는 지우개 없나. 씨×. 그리고 여자가 어디서 재수 없게 소리를 빽빽 지르고 지×이야. 한주먹 거리도 안되는 게."

호영이는 화를 주체하지 못하고 몸을 부르르 떨며 손을 올렸다 내렸다 하면서 입에서는 거친 욕이 거침없이 쏟아져 나왔다. 민지는 호영이를 피해 내 품 안에 안겨있는데 심장이 터질 것처럼 두근거렸다.

호영이 엄마는 동네에서 조그맣게 미장원을 하고 있는데 동네 미장원이라 그저 근근이 풀칠을 하는 정도이다. 호영이 아빠는 일정하게 하는 일 없이 호영이 엄마에게 돈을 뜯어 포커 판을 들락거린다고 한다. 그 과정에서 돈을 안 주려는 호영이 엄마에게 폭력을 휘

두르는 일이 일상이 되었고 이제 겨우 초등학교 1학년인 호영이도 폭력의 희생자로 멍이 들어서 공부방에 오는 일도 잦다. 겨우 민지와 호영이를 따로 격리시켜 놓았지만 폭력이 학습이 되고 대물림이 되는 것 같아서 안타까운 마음이 들었다.

사례:
엄마한테만 반응하는 헐크

"네~ 네~ 친구랑 한 시간만 놀다가 바로 학원 갈 거예요. 조금만 놀다가 가면 안돼요? 그럼 30분만요. 휴~ 네~ 네~ 알았어요. 끊을 게요. 아이~ 씨× 미친× 존× 재수 없어."

"느금마?"

"씨×, ×같애. 엄마는 무슨 낳기만 하면 엄마냐. 지는 밥도 안 차려주고 맨날 밤늦게까지 술 쳐 먹고 다니면서 왜 나한테는 이래라 저래라 간섭하고 지×이야. 짱나게. 공부가 그렇게 하고 싶으면 지가 하면 되지. 내가 무슨 지 아바타야, ××년."

수업을 마치고 주차장으로 가는 길에 뒤에 오던 여학생들 입에서 거침없이 나오는 육두문자에 놀라 뒤를 돌아보니 좀 전에 수업을 했던 반의 아이들이었다.

"가희야~ 무슨 일이야? 왜 그렇게 화가 났어? 욕 방언이 터졌네."

"아~씨× 빡치게 학원 갈 시간이 남아서 친구들이랑 조금만 놀다가 가려고 했는데 미친 엄마가 전화해서 바로 가라고 하잖아요."

"그래도 엄마인데?"

"아~ 몰라요. 엄마는 무슨 엄마예요. 자기는 맨날 친구들이랑 어울려서 싸돌아다니면서 나한테만 공부해라 학원 가라 핸드폰 뺏는다 개지랄을 떠는데 지나 잘하지 내가 무슨 자기 아바타냐고요. 내가 공부하는 기계예요?"

가희는 평소 수업 때면 다른 아이들보다는 비교적 조용한 편에 속했던 친구였는데 이렇게 엄마에게 거칠게 반항을 하는 것을 보고 내심 놀랐다. 가희는 마음속에 엄마에게만 반응하는 헐크를 키우고 있나 보다.

솔선수범

率(거느릴 솔) 先(먼저 선) 先(드리울 수) 範(법 범). 솔선수범이라 함은 먼저 행동하여 타인의 본보기가 되는 것을 말한다.

솔선수범은 흔히 지도자의 덕목으로 꼽힌다. 지도자가 리더십을 발휘할 때 솔선수범만큼 좋은 방법은 없다. 리더십은 일반적으로 평소와 다름없는 상황에서는 뚜렷하게 나타나지 않지만 위기상황에서 대처하는 양상에 따라 진가가 드러난다. 위기상황에서 솔선수범을 했을 때 진정한 리더십과 지도자의 역량이 발휘되는 것이다.

가정에서는 부모가 가정을 이끌어 나가는 지도자이다. 부모가 솔선수범할 때 자녀들은 굳이 잔소리 하거나 시키지 않아도 저절로 부모의 모습을 보고 그대로 따라 한다. 영유아들을 연구하고 관찰한 바에 따르면 아이가 부모 말을 귀로만 듣는 데에는 몰입도가 비교적 낮지만 눈으로 보고 배우는 것은 보고 배운 대로 모방한다는 결과가 나왔다. 따라서 식당에서의 매너나 공중도덕 등 질서 지키기, 주변 정리정돈 등을 "이렇게 해라." "저렇게 해야 한다." 등 말로만 시키는 것이 아니라 부모가 직접 행동으로 본을 보여야 아이들은 그대로 따라 한다.

아이들은 부모가 하는 대로 보고 배우기 때문에 정확한 언어로 말을 하고 올바른 행동을 해야 한다. 자녀가 책상에 앉아 책을 읽거나 공부하기를 원한다면 자녀에게 책을 읽으라고 할 것이 아니라 부모가 먼저 책을 읽는 모습을 보여야 한다. 자녀에게는 공부하라고 하고 부모는 TV를 보거나 스마트폰을 보거나 게임을 한다면 어떻게 될까? 자녀에게 부모의 영이 안 서고 책잡히는 행동이 되며 더 나아가 나중에는 부모의 말에 대들고 공격을 하는 빌미를 제공하는 결과를 만든다. 가영이가 지금은 엄마가 없는 데서 엄마에게 욕을 하지만 앞으로도 이런 상황이 지속되고, 가영이가 조금 더 자란다면 엄마의 면전에서 대들고 욕을 할지도 모른다.

부모가 하지 않는 것을 자녀에게 강요하면 안 된다. 이는 열흘 삶은 호박에 이도 안 들어갈 일이다. 그리고 부모의 말에 불신감을 줄 뿐만 아니라 더 나아가 사회에 대한 불신감을 키워 준다.

이솝우화를 통해 본
언행일치

날씨 좋은 어느 날, 바람도 살랑살랑 불고 햇볕도 따뜻하게 내리 쬐고 있어 산책하기 참 좋은 날이었다. 해변에서는 엄마 게와 아기 게가 사이좋게 산책하고 있었다. 그런데 엄마 게가 보니 아기 게가 앞으로 똑바로 걷지 않고 자꾸만 옆으로 걷고 있었다. 그러다 보니 바위에 옆구리가 쓸리기도 하는 것이 아닌가? 엄마 게는 아기 게에 게 조용히 타이르면서 말했다.

"아가야, 옆으로 삐뚤게 걷지 말고 엄마처럼 앞으로 똑바로 걸어 보렴. 그렇게 옆으로 삐뚤게 걸으면 옆구리에 상처가 나고 보기에 도 안 좋단다."

"네, 엄마 알았어요. 그러면 엄마가 어떻게 걷는지 보여 주세요. 제가 따라서 걸어 볼게요."

"그래, 엄마의 모습을 똑바로 보고 그대로 따라 해보렴."

아기 게는 엄마의 걷는 모습을 유심히 보더니 또 옆으로 걷기 시작했다. 엄마 게는 똑바로 걷는 법을 가르쳐 주었는데도 옆으로 걷는 아기 게에게 화가 나서 다시 말했다.

"아가야, 엄마처럼 똑바로 앞으로 걸어보라니까. 왜 자꾸 삐뚤게 옆으로 걷는 거니? 엄마 걷는 것을 제대로 보지 않았구나."

그러자 아기 게가 답답하다는 듯이 대답했다.

"엄마, 나는 엄마의 걷는 법을 두 눈으로 똑똑히 쳐다보고 엄마와 똑같이 걷고 있어요. 엄마와 나의 발자국이 찍힌 모래사장을 보세요. 바닥에 찍힌 발자국은 우리 둘 다 옆으로 이어져 있잖아요."

엄마 게와 아기 게의 우화는 언행일치의 중요성을 보여준다.

이것은 이솝우화에 나온 엄마 게와 아기 게에 관한 글이다.

이와 비슷한 우리나라 속담도 있다.

옛날 어느 서당의 훈장님이 아이들을 가르치는데 마침 바람 풍風이라는 한자가 나왔다.

"바담 풍風"

혀가 조금 짧은 훈장은 아이들에게 '바람 풍'을 '바담 풍' 하고 소리 내어 읽어 주었다. 아이들은 훈장님의 선창을 듣고 "바담 풍" 하였다. 훈장님은 아이들의 후창을 듣고 회초리로 책상을 두드리며 "아니 아니 바담 풍이 아니라 바담 풍이니라." 하며 다시 읽어 주었다. 하지만 아이들은 역시 "바담 풍" 하였다.

"이 녀석들아 바담 풍이 아니고 바담 풍이래도 그러는구나."

"훈장님~ 훈장님이 바담 풍 하셔서 우리도 바담 풍이라고 하옵니다."

이렇게 아이들이 말을 하자 훈장님은 "나는 바담 풍 하여도 너희들은 바담 풍 하여라."라고 말했다는 데서 유래한 속담이 바로 "나는 바담 풍 하여도 너희는 바람 풍 하여라."이다.

이처럼 나는 바로 하지 않으면서 자녀에게만 똑바로 하라는 것은 언행이 불일치한 것이며 아무리 자식을 위한 좋은 목적이 있다고 해도 그것은 한낱 잔소리에 불과한 것이다. 우리가 간과하는 것은 우리의 아이들은 부모의 잔소리를 듣고 자라는 것이 아니라 오히려 묵묵히 솔선수범하는 부모의 등 뒤에서 부모의 모습을 보고 자란다는 것이다.

자녀 교육에 관심이 많은 사람이 슈바이처Albert Schweitzer 박사에게 "어떻게 하면 제 아이들이 박사님처럼 공부를 잘할 수 있을까요?" 하고 물었다. 그러자 슈바이처 박사는 "자녀교육에서 가장 중요한 것이 3가지 있는데 첫째도 본보기, 둘째도 본보기, 셋째도 본보기입니다."라고 말했다. 또한 슈바이처 박사는 모범을 보여야 하는 것에 대해 이와 같은 말씀도 하였다. "모범을 보이는 것은 다른 사람에게 영향을 미치는 가장 좋은 방법이 아니다. 유일한 방법이다." 결국은 부모의 백 마디 말보다는 직접 모범을 보이는 것이 자녀를 바르게 키울 수 있는 것이다.

이중구속메시지
(Double Bind Message)

    우리는 언행일치란 말을 자주 사용한다. 하지만 말과 행동이 일치하는 삶을 살기는 사실 쉽지는 않다. 대다수의 우리 마음 안에는 악마와 천사가 공존하고 있으니 말이다. 다이어트를 하고 있는 사람들 모두 한 번쯤은 경험해봄직한 말이 '오늘까지만 먹고 다이어트는 내일부터~' 혹은 '맛있게 먹으면 0칼로리~!'이다. 다이어트를 하긴 해야 하는데 음식의 유혹 앞에서 무너지면서 스스로를 위로하는 말이다. 많은 사람들이 오늘까지만 먹고 내일부터 다이어트를 하겠다는 다짐을 매일 반복하고 있다. 영원히 오지 않을 내일을 오늘도 호기롭게 외친다.

    그리고 물을 제외하고 칼로리가 0인 음식이 몇 가지나 될까? 맛있는 스파게티를 먹었는데 어떻게 0칼로리일 수가 있는가. 맛있게 먹는 것과는 별개로 스파게티의 칼로리는 900칼로리를 넘나든다.

"먹으면 안 돼. 살쪄." 하고 외치는 천사와 "오늘까지만 먹고 내일부터 다이어트 하면 돼."라고 속삭이는 악마와의 접전 끝에 악마의 꾐에 넘어가 "맛있게 먹으면 0칼로리~!!!" 하며 먹는 것이다. 이와 같이 언행불일치가 언행일치보다 쉽다.

심리학용어 중에 이중구속이론Double bind이 있다. 이 말은 미국의 문화인류학자이자 언어학자인 그레고리 베이트슨Gregory Bateson이 1956년에 정신분열증(조현병)을 연구하면서 제시한 이론이다. 두 개의 상반된 메시지를 줌으로써 상대방이 이러지도 저러지도 못하는 혼란스러운 상황에 빠진 것을 말한다. 우리가 우스갯소리로 흔히 하는 말 중에 이중구속메시지를 가장 잘 설명하는 예가 있다.

부장님: 지난주 야근하느라 고생 많았어. 오늘은 내가 점심 쏠게.
　　　　먹고 싶은 것 있으면 말해봐.
김 대리: 부장님 감사합니다. 요 앞에 닭갈비집이 새로 생겼는데
　　　　박 팀장님이 가서 먹어 봤답니다. 그런데 맛이 기가 막히
　　　　답니다. 오늘 닭갈비 어떻습니까?
이 대리: 부장님, 이탈리안 레스토랑에서 스파게티와 피자는 어
　　　　떠세요?
부장님: 스파게티는 속이 느글거려서 싫고, 닭갈비는 매워, 난 매
　　　　운 것 별로 안 좋아해. 오늘은 왠지 중국 음식이 당기는데
　　　　중국음식 어때?

일동: 아~ 뭐~ 네~(그럼 그렇지. 어차피 자기가 정할 거면서 우리 의견은 왜 물어봐.

남들이 사줄 때는 매운 것도 잘 먹으면서)

결국 중국집에 도착해서 자리를 안내 받고 앉았다.

부장님: 자, 자 먹고 싶은 것 맘대로 시키라고~ 난 짜장면~!!!(말이

그렇지 뜻이 그러냐?)

일동: 그럼 우리도 짜장면이요.(그럴 줄 알았어. 내가 다시는 속나 봐라.)

부장님: 아니 사람들 참~ 먹고 싶은 것 시키라니까.(잽싸게) 사장님

여기 짜장면 일곱 그릇 주세요~!!!

바로 위에 든 사례가 이중구속메시지에 가장 적합한 예일 것이다. 지금은 협상을 하거나 영업을 할 때 등 다양한 상황에서 사용하는 스킬이다. 하지만 안타깝게도 그레고리 베이트슨이 이 이론을 발표했을 때는 엄마가 자녀에 대해 서로 다른 메시지를 주는 것을 예로 들었다.

예컨대 아이가 "엄마, 나 영수랑 놀면 안 돼요?" 하고 물을 때 엄마는 "네 맘대로 해."라고 말을 한다. 하지만 속으로는 숙제도 해야 하고 문제집도 풀어야 하는데 놀 생각만 하고 있는 아이가 못마땅하다.

그러다보니 말로는 네 맘대로 하라고 하지만 감정을 숨기지 못해 표정은 쌀쌀맞고 목소리는 최대한 낮고 얼음처럼 차갑게 말을 한

다. 엄마의 "네 맘대로 해." 이면에는 "잘 생각해서 행동해, 나가서 영수랑 놀기만 해봐 그럼 넌 끝이야." 하는 메시지가 담겨 있는 것이다.

엄마의 표정과 말에 담긴 서로 다른 메시지를 전달 받은 아이는 너무 혼란스럽다. 내 맘대로 하라면서 엄마의 표정을 보니 내 맘대로 나갔다가는 혼날 것 같다. 도대체 놀라는 건지 말라는 건지 이러지도 못하고 저러지도 못하고 안절부절못하게 된다.

부모의 이중구속메시지는 아이에게 어차피 내 의사는 중요하지 않고 엄마가 결정할 텐데 하는 마음에 무기력한 상태를 만든다. 또한 관계에 대한 불신을 키워 주며 자신의 주장이 좌절되는 것을 경험한다. 가장 가까운 부모로부터 거부당하는 것을 느끼며 그런 상태가 반복되고 지속된다면 정신분열증(조현병)을 유발한다는 것이 그레고리 베이트슨의 설명이다. 그러므로 자녀들과 대화를 나눌 때는 보다 분명한 의사표현을 하는 것이 바람직하다.

말이 그렇지
뜻이 그런가?

이중구속의 메시지를 우리말로 풀이하자면 말이 그렇지 뜻이 그런가? 정도가 될 것 같다.

2018년 말부터 2019년 초까지 방영된 '스카이 캐슬'이라는 드라마가 우리나라를 뒤흔들어 놓았다. 암암리에 그들만의 세상에서 이루어진 일들이 드라마라는 미명하에 백일하에 드러났다. 그 드라마를 둘러싼 화제성은 특히 청소년기의 자녀들을 둔 엄마들에게는 선풍적이었다.

혹자는 말한다. 현실은 드라마나 영화보다 더하다고. 오히려 드라마이기 때문에 대중들에게 미칠 파급력을 생각해 순화해서 작품을 만들 수밖에 없는 경우도 많다. SF영화나 드라마가 아닌 바에야 작가들은 발품 팔고 손품 팔아 철저하게 자료를 수집해서 각본이나 대본을 쓸 수밖에 없다. 전혀 있을 수 없는 허무맹랑한 얘기는 쓸 수가 없는 것이다. 그런 면에서 봐도 스카이 캐슬의 내용이 과장은 됐을지언정 있을 수 없는 얘기는 아닌 것이다.

극 중 박영재는 의사인 아버지의 대를 이어 의대를 진학하라는 압박을 받는다. 엄마의 정보로 최고의 입시코디네이터를 만나게 되고, 그녀로부터 부모님의 소원대로 서울대 의대만 합격을 하고 그 뒤에는 보란 듯이 하고 싶은 것을 하라는 사주를 받는다. 결국 뼈를 깎는 고통으로 공부를 하고 서울대 의대를 합격한 뒤 뒤도 안 돌아보고 정신적으로 위안을 준 연인을 찾아 떠난다. 엄마는 그 충격으로 자살을 하고 만다는 내용인데 드라마가 방영될 당시에는 화제를 낳았던 장면이다. 과연 드라마에서만 존재하는 얘기일까? 현실에도 영재와 비슷한 사례가 있다.

도윤이는 웹툰 작가가 되는 것이 오랜 꿈이었다. 학교 다닐 때에도 엄마 몰래 웹툰을 보다 들키는 경우가 많아서 혼이 났다. 궁여지책으로 도윤이는 엄마의 눈을 피해 방의 불을 끄고 이불을 뒤집어 쓴 채 웹툰을 봤다. 그런데 어느 날이었다. 그날도 늦게까지 공부를 하다 자기 전에 웹툰을 보고 자려고 불을 끄고 이불 속에서 웹툰을 보는데 갑자기 엄마에게서 문자가 왔다. "핸드폰 끄고 그만 자라. 잠이 안 오면 공부를 더 하든가." 도윤이는 갑자기 소름이 끼쳐서 이게 무슨 일인가 싶었다. 이불을 걷어차고 일어났지만 엄마는 없었다. 이리저리 두리번거리다가 천장 모서리에 CCTV가 설치되어 있는 걸 발견했다. 도윤이는 발작을 일으키듯이 소리를 질렀다. 엄마가 깜짝 놀라 달려왔지만 도윤이를 보면서 냉정하게 얘기했다.

"웹툰은 대학교 들어가서 봐. 지금 네가 한가하게 만화쪼가리나 보고 있을 때야? 이제 고등학교 2학년이 될 텐데 이번 방학이 얼마나 중요한지 몰라서 그래? 정신 바짝 차리고 공부해도 서울대 들어갈까 말까 한데 맨날 되도 않는 그림 나부랭이나 그리고 앉아 있고 만화나 보고 있다가 서울대는 언제 들어가려고 그래? 엄마가 CCTV 달아 놨으니까 딴짓할 생각은 꿈도 꾸지 마. 이불 뒤집어쓰고 핸드폰 봐도 불빛이 다 보여. 네가 서울대만 가면 만화를 그리든 만화방을 차리든 간섭 안 할 테니까. 제발 서울대만 들어가. 그 다음에는 뭘 해도 돼. 너 하고 싶은 것 다해도 돼. 알았지? 제발."

엄마는 처음에는 윽박을 지르다가 나중에는 사정사정하는 투로 도윤이를 달랬지만 도윤이는 넋이 나간 것처럼 망연자실 침대에 퍼질러 앉아 있었다. 힘든 공부를 하면서 잠시 웹툰을 보는 낙으로 위로를 삼았었는데 엄마의 손바닥에서 벗어날 방법은 어디에도 없어 보였다. 그날 이후 도윤이는 달라졌다. 더 이상 웹툰을 보는 일도 없고 잠자는 시간을 빼고는 책상 앞에 앉아서 공부만 했다. 도윤 엄마는 CCTV로 도윤이의 모습을 보지만 이제 더 이상 볼 필요도 없다고 느꼈다. 심지어 요즘은 엄마가 그만 하고 자라고 도윤이를 말리는 지경에 이르렀다.

그렇게 시간이 흘러 도윤이는 엄마 아빠가 그토록 원하는 서울대에 과 수석으로 입학했다. 학교와 아파트 입구에 플래카드도 걸렸고 엄마 아빠는 여기저기서 걸려오는 축하전화를 받느라 바빴다. 입학을 앞두고 엄마 아빠는 도윤이를 백화점에 데리고 가서 입학식 때 입을 옷 몇 벌과 가방, 노트북 등을 사줬다. 그러나 도윤이는 그저 시큰둥했다. 엄마 아빠는 서울대에 합격했다고 경망스럽게 떠벌이지 않는 도윤이가 그저 의젓하고 대견해 보였다. 입학식에 안 간다는 도윤이를 어르고 달래서 엄마 아빠, 할머니까지 총동원하여 입학식에 참석했다. 입학식이 끝나고 미리 예약해 둔 식당에 가서 밥까지 먹고 들뜬 마음으로 돌아 왔다. 그런데 사달은 이틀 후에 났다. 도통 학교를 갈 생각을 하지 않고 침대에 누워 핸드폰만 보는 도윤이가 이상해서 엄마가 물어보니 놀라운 대답이 들렸다.

"어제 학교 자퇴했어요. 엄마가 서울대만 가면 그 다음에 뭘 해도 된다면서요? 내가 하고 싶은 것 다 하라면서요. 서울대 가는 것으로 효도했으니까 이제부터는 내가 하고 싶은 웹툰 그리며 살 거예요."

그래도 다행히 도윤이 엄마는 드라마처럼 극단적인 선택을 하지는 않고 혼이 쏙 빠져 정신이 없는 모습으로 상담실을 방문했다.

"아니~ 선생님 나는 그게 그런 말이 아니었는데. 그런 말이 아니었는데."

도윤 엄마는 상담 선생님께 똑같은 말만 되풀이했다. 도윤 엄마의 생각은 서울대 입학이라는 발등에 떨어진 불부터 끄고 웹툰을 보는 것은 그 다음에 해도 된다고 생각했으리라. 그리고 어느 정도는 규제를 풀어줄 의향도 있었다. 내심 우리나라 최고 대학에 입학을 하면 도윤이가 달라질 줄 알았던 모양이다. 전국에서 내로라하는 아이들만 모여 있는 곳에 가면 도윤이도 긴장을 해서 만화에 대한 관심이 없어질 줄 알았다. 그래서 무조건 "일단 서울대만 들어가 다오. 그 이후에 네가 하고 싶은 일을 해라."라고 말을 했던 것이다.

하지만 정말로 코피를 쏟아 가며 어렵게 들어간 학교를 그만둘 줄은 몰랐다. 설마하니 도윤이가 엄마의 말 그대로 서울대에 합격만 한 뒤에 자기가 하고 싶은 것을 하기 위해 학교를 때려치울 줄은 몰랐다고 했다. 도윤 엄마는 "말이 그렇지 뜻이 그런가?"라고 주장을 하고 도윤이는 "엄마가 하라는 대로 했는데 뭐가 문제인가? 엄마는 거짓말쟁이다."라고 생각하며 서로 날선 비판을 이어갔다.

도윤이와 엄마의 사례를 분석하면 가치관 갈등에 따른 세대 갈등이라고 할 수 있다. 이렇게 세대 간의 갈등이 생기는 경우 언어적으

자녀를 변화시키려고 하기보다는 내가 변해야 한다.

로는 소통을 할 수가 없다. 왜냐하면 그 본질은 가치관의 갈등이기 때문이다. 세대 간 다른 가치관을 갖고 있기 때문에 서로 상대방을 탓하며 충돌할 것이 뻔하다. 엄마의 가치관은 어떻게 해서든 서울 대만 나오면 우리나라에서 출세는 보장 받은 것이나 다름없고 출세 까지는 아니어도 적어도 먹고사는 문제는 해결이 될 것이라고 생각 을 했을 것이다.

그러나 도윤이의 생각은 다르다. 자기가 하고 싶고 좋아하는 일 에 미쳐서 그 일을 하며 살고 싶은 것이다. 하고 싶은 일을 하는데 더 높은 가치를 두고, 하고 싶은 일을 하는 것이 먼저이고, 돈은 그 다음이다. 하고 싶은 일을 하다가 돈을 벌게 되면 이보다 더 좋은 일 이 어디 있겠는가? 이처럼 오랜 시간 동안 형성되어 온 가치관을 바 꾸는 일은 매우 어려운 일이며 쉽게 바뀌지 않는 성질이 있다. 서로 가 조금씩 다가서려는 노력을 해야 한다.

이 사례에서 도윤 엄마가 간과하는 것이 있다. 요즘은 인터넷을 통해 연재하고 손바닥에 있는 휴대폰을 통해 손쉽게 볼 수 있는 웹 툰이나 웹소설이 대세이다. 옛날 어른들이 말하는 그림 나부랭이 나 만화쪼가리가 아니다. 웹툰이나 웹소설을 드라마로 만들거나 영 화로 만들어 인기를 끌고 있는 것이 엄연한 현실이다. 세상은 그만 큼 빠르게 변하고 있다. 변하는 세상을 따라가지 못하는 부모세대 와 밀레니얼 세대와의 충돌은 피할 수가 없다. 부모도 변화하는 세 상에 대한 공부를 하고 이해하려고 노력을 해야 한다. 부모와 자식 의 싸움에 있어 패자는 항상 부모가 될 수밖에 없는 것이 진리이다.

상대방을 변화시키려고 하는 것은 이 세상에서 가장 힘든 일 중 하나이다. 상대방을 변화시키려고 하기보다는 내가 먼저 변하는 것이 빠르다.

말이 그렇지 뜻이 그런가? 그렇다. 뜻도 그래야 한다. 말과 뜻은 같아야 한다.

언행일치. 특히 자녀에게 부모는 더욱 그래야 한다. 왜냐하면 부모는 자식의 거울이기 때문이다. 부모를 보고 똑같이 따라하는 자식을 위해서도 올바른 모범을 보이는 부모가 돼야 한다.

PART 8

아이의
자존감
높이기

사례: 무시당하지 않는다면 아픈 것쯤이야

　특별 상담을 할 친구의 인적사항을 보니 고등학교 3학년으로 폭행, 술, 담배 등 학교 부적응 문제의 종합선물세트 같은 친구였다. 나에게 파일을 넘겨준 선생님은 마치 당신이 죄를 지은 것처럼 몹시 미안한 표정이었다. 나는 괜찮다는 듯이 어깨를 한 번 으쓱해 보이고 뒤돌아서서 심호흡을 크게 한 번 하며 상담실로 들어갔다. 나는 일부러 밝고 명랑한 목소리로 인사를 한다.

　"윤재야, 안녕~~?"

　하며 묻는 내 목소리는 뒤로 갈수록 점점 기어들어갔고 눈은 내가 크게 뜰 수 있는 한 최대치로 크게 떠졌다. 반팔을 입고 앉아 있는 윤재의 팔은 드러나 있는 모든 곳이 문신으로 가득 채워져 있다. 마치 팔 토시를 한 것처럼 오른쪽 팔은 손목까지, 왼쪽 팔은 팔꿈치 위까지 빽빽하게 문신을 했다. 다른 색을 넣지 않고 검은색 잉

202

크만을 사용하여 적절하게 농도를 조절해 사실적으로 표현하는 기법인 Black & Grey 문신이 새겨져 있었다. 나는 짐짓 아무렇지도 않은 듯 일부러 활기차게 말을 건넸다.

"와우~ 멋진데. 선생님이 한 번 만져 봐도 될까?"

윤재는 별 대수롭잖게 오른쪽 팔을 슥 내민다.

"오~ 생각보다 매끄럽네. 근데 아프지는 않았어?"

"당연히 아프죠. 어떻게 안 아프겠어요. 그래도 참는 거죠."

"와~ 윤재 참을성이 짱이네. 근데 어떡하니? 이제 가을이라 긴팔을 입으면 문신을 보여줄 수가 없잖아."

"그러게요. 최대한 늦게까지 반팔을 입고 다녀야죠."

윤재의 문신에 호기심을 가지고 인내심을 칭찬해 주자 윤재는 금방 경계심을 풀고 자랑하듯 여기저기 보여 주며 설명을 하기 시작한다.

"어디어디 했어?"

"팔, 다리, 가슴에 했고 등에는 지금 라인만 잡아놨어요. 이제 색을 채워 넣을 거예요."

"이렇게 하려면 비용도 만만치 않았겠는데?"

"지금까지 1,000만 원 가까이 들어갔어요."

"진짜? 1,000만 원이나? 비용은? 부모님이 주셨어?"

"선생님, 장난해요? 엄마가 줬겠어요. 알바해서 모았죠. 안 해본 알바가 없어요. 편의점은 기본으로 하고, 학기 중에는 식당에서 알바하고, 방학 때는 친구 아빠가 건설회사 소장이라서 공사하는데 따라다니며 노가다해서 모은 돈으로 했죠."

"아~ 노가다까지?"

"노가다도 처음에는 힘들어도 하다보면 할 만해요. 돈도 제일 많이 모을 수 있고."

"힘들었겠다. 문신에 대한 엄마의 반응은?"

"처음에는 난리 났었죠. 우리 엄마가 꼰대거든요. 그런데 뭐 그러거나 말거나 엄마한테 손 안 벌리고 내가 돈 벌어서 계속 하니까 이제는 포기하셨어요."

"그렇구나. 문신한 거 보고 친구들은 뭐래?"

"뭐, 부러워하는 친구들도 있고 어떤 애들은 저를 무서워하면서 슬금슬금 피하기도 하고~"

"그럴 때 어떤 기분이야?"

"뭐 아픈 거 참고 고생한 보람이 있죠. 돈은 많이 들고 아파서 고생은 했지만 기분은 죽이죠."

윤재는 중학교 1학년 때 반에서 왕따를 당하고 소위 말하는 빵셔틀을 했던 친구였다. 그렇게 힘들게 학교생활을 하며 자살까지 생각했지만 부모님 때문에 자살은 할 수가 없었다. 그 이후 어떤 일을 계기로 이대로 계속 당하면서 살 수는 없다는 생각을 했다. 처음엔 명절 때 받은 용돈을 모아서 중학교 3학년 때 처음 문신을 했다. 강하게 보이기 위해 문신을 한 뒤부터 친구들은 거짓말처럼 더 이상 윤재를 괴롭히지 않았고 오히려 그룹원으로 인정해 주었다. 윤재는 학교 폭력 피해자에서 어느덧 가해자가 되었다. 윤재는 자신이 당했던 것보다 더 가혹하게 폭력을 휘두르며 문신으로 인해 인생 역전을 하게 된 것이다. 그 이후부터는 문신에 대한 맹신으로 인해 온몸에 빈 곳이 없을 만큼 문신을 하는 중독 상태에 이르게 되었다. 길거리를 다니면 모든 사람들이 자신과 눈을 마주쳤다가도 황급히 다른 곳으로 시선을 피하거나 걸을 때도 옆으로 나란히 가지 않으려고 하는 모습을 즐기고 있었다. 자신을 동경하는 후배들이 생겨났고 후배들을 문신하는 곳에 소개시켜 주면서 자신은 서비스를 받기도 한다.

윤재는 왕따를 당하고 빵셔틀을 하면서 무너진 자존감을 올리는 방법으로 과도한 문신을 하는 것을 택했고 나름 그 방법이 적중했다고 생각하고 있다.

아이의 자존감을
높이는 방법

　크고 작은 문제로 인해 아이의 자존감이 떨어졌다면 그것을 다시 제자리로 높이는 데에는 많은 시간과 노력이 필요하다. 지금 당장은 직면한 문제로 어려움을 겪을지도 모른다. 하지만 "네가 어떤 모습이어도, 어떤 경우에도 우리는 끊임없이 너를 사랑해."라고 마치 고장 난 녹음기처럼 반복해서 얘기해야 한다. 문제와 상관없이 부모님은 무조건 나를 사랑하고 있다고 믿는 것은 아이에게는 커다란 안정감을 주며 또다시 도전할 용기를 준다. 아이는 자신을 믿고 사랑하는 부모님을 안전기지로 삼아 좌절하지 않고 다시 한 번 도전을 할 수 있는 것이다.

　만약 도전을 했다가 실패를 해서 자신감이 떨어진 아이에게는 조금의 노력만으로도 성공할 수 있는 비교적 성공확률이 높은 목표를 줌으로써 성공의 기쁨을 느낄 수 있도록 한다. 적어도 이 과정을 몇 번쯤은 반복해서 제시함으로써 충분히 자신감을 회복할 수 있도록 도와주는 것이 좋다. 거듭된 성공으로 자신감을 회복한다면 비로소 아이는 조금 더 높은 목표에 도전할 수 있는 용기와 성공 가능성에 대한 자신감이 생긴다.

사람은 누구나 다른 사람에게는 없는 자기만의 장점을 갖고 태어난다. 그런데 우리는 흔히 아이의 장점을 공부를 비롯해 몇 가지의 재능에 한정해 버리는 우를 범하고 만다. 공부를 잘하는 것만이, 축구를 잘하는 것만이, 그림을 잘 그리는 것만이 아이의 장점은 아니다. 때로 우리는 이분법적인 생각으로 아이들을 멋대로 판단해버리기도 한다. 쉽고 간단하게 모 아니면 도, 혹 아니면 백이라고 생각해버리는데 모와 도 사이에는 개, 걸, 윷이 있고 흑과 백 사이에 얼마

작은 목표를 성공하는 경험을 통해 아이는 자존감을 회복한다.

나 많은 색깔이 존재하는가? 공부를 못하니까 우리 아이는 아무 짝에도 쓸모없는 사람이라고 섣불리 단정 짓지 말자. 비록 공부를 못해 의사가 될 수는 없지만 다른 사람들을 돕는 것을 좋아해서 사회복지사를 할 수도 있다. 공부를 못해 아나운서는 할 수 없지만 말을 재치 있게 잘하고 순발력이 좋아 각종 구장의 인기 있는 장내 아나운서가 될 수도 있다. 공부는 조금 못해 대기업에 들어가지는 못했지만 자신이 좋아하는 게임 캐릭터를 만드는 벤처기업을 차릴 수도 있다. 우리 아이의 안에 들어 있는 독특한 장점을 발견해서 키워 주는 것은 부모의 몫이다. 그렇지 않고 아이만을 탓하는 것은 부모의 도리를 유기하는 것이다.

관점을 바꿔보자. 공부도 못하는 못난 자식이 아니라 공부만 못하는 내 자식, 공부 말고는 다 잘하는 내 자식이라는 생각은 어떨까? 부모의 그런 생각은 아이에게 무한한 긍정심을 주고 더 넓은 세상을 탐험할 수 있는 용기를 준다. 공부만 했더라면 할 수 없는 직업은 전 세계에 십만 가지가 넘는다고 하며 매년 새로 생겨나는 직업의 수도 헤아릴 수 없이 많다.

아이가 타고난 장점을 살려 잘하는 것을 하게 해줘라. 4차 산업을 맞이하여 기존에 선호했던 직업이 없어질 수도 있고 전혀 생각지 못했던 직업이 새로 생길 수도 있다. 부모는 아이가 어렸을 때부터 민감성을 가지고 유심히 관찰하여, 아이가 잘하는 것이 무엇인지, 아이가 관심 있어 하는 것이 무엇인지 알아채는 것이 매우 중요하다. 부모가 원하는 것이 아니라 아이가 잘하는 것, 아이가 좋아하는 것을 발견해야 한다. 아이의 재능을 발견했다면 그것을 더 잘할 수 있도록 최선을 다해서 지원해주면 된다. 못하는 것을 잘하게 하려면 많은 에너지가 들어가지만 잘하는 것을 더 잘하게 해주는 것은 말 한 마디로도 할 수 있다.

어른들도 내가 잘하는 것이나 하고 싶은 것을 할 때 신이 나서 할 수 있지 않은가. 그와 마찬가지로 아이들도 자기가 하고 싶은 것을 할 때 신명나서 최선을 다해서 할 수 있고 거기서 창의성이 발휘된다.

부모의 프레임에 아이를 가두지 말아야 한다. 어떤 부모들은 내가 하고 싶었는데 못 해 봤던 것, 내가 능력이 안 돼서 할 수 없었던 것을 자녀가 대신 해 주길 바라는 경우도 많다. 하지만 어떤 경우에도 자녀 교육이 부모의 한풀이가 되어서는 안 된다. 만약 그렇다면 부모나 자녀 모두에게 불행한 일이다.

자녀는 부모가 조종하는 마리오네트 인형이 아니고 자녀의 삶의 주인공은 자녀 자신이 되어야 한다. 부모의 잣대로 봤을 때는 판·검사, 변호사, 의사가 고소득 직종이거나 명예와 권력이 있을 것 같지만 장기적으로 봤을 때는 없어질 직업군에 속한다.

자녀가 하루 종일 컴퓨터 게임에 빠져 공부를 소홀히 하여 부모 눈에 마뜩찮더라도 그 아이가 컴퓨터 게임에 관련해 재능을 갖고 있다면 그 일에 창의적인 아이디어가 샘솟을 것이다. 그리고 결국

은 하고 싶은 것을 더 잘할 수 있게 되고 그것이 곧 직업과 연결이
될 수도 있다.

과거에는 회사에 입사를 해 10년, 20년 장기근속하고 그것이 훈
장이 되던 시절이 있었지만 앞으로 미래사회는 하나의 직업만으로
평생을 살아갈 수 있는 시대가 아니다. 미래학자들은 앞으로 누구
나 적어도 3~4개의 직업을 갖게 될 것이라고 전망하며 실질적으로
그렇게 되고 있다.

그런 관점에서 봐도 다양한 일을 할 수 있다는 것은 많은 선택의
기회가 될 수 있다. 앞으로는 투잡, 쓰리잡의 시대가 될 것이다. 밥
벌이로 갖는 직업과 취미로 내가 좋아하는 일을 하는 직업이 분리
될 수도 있다.

아이들이 하고 싶은 것을 할 수 있도록 지원을 해주고 한 발 더 나
아가 하고 싶은 것을 찾아준다면 분명히 삶이 행복한 자녀로 자라
게 될 것이다. 아이가 어렸을 때부터 민감성을 가지고 아이를 관찰
하는 것만 잘해도 훌륭한 부모의 자질이 있으며 아이의 미래는 밝
다고 할 수 있다.

우리 아이
천재로 만드는 강점 찾기

아이의 자존감을 높이는 좋은 방법이 뭐가 있을까? 그것은 바로 아이의 강점을 살려주는 것이다.

우리나라를 세계에 알린 스포츠 스타 중 한 명으로 김연아 선수를 꼽는 데 이견을 말할 사람은 없을 것이다. 김연아가 피겨 불모지에서 세계적인 선수로 이름을 떨치기까지는 보이지 않는 차별뿐만 아니라 대놓고 하는 차별에 서러운 눈물도 흘렸다. 김연아는 그럴 때마다 열 번 넘어져도 열한 번 일어나는 오뚝이 정신으로 피나는 훈련을 거듭해 세계정상에 올랐다.

그런 김연아를 얘기할 때 빠지지 않고 거론되는 인물이 있다면 당연히 그녀의 영원한 라이벌 아사다 마오일 것이다. 하지만 화려하게 선수생활을 마감한 김연아 선수와 달리 아사다 마오는 쓸쓸하게 선수생활을 마감했다. 주니어 시절에는 앞서거니 뒤서거니 실력이 엇비슷했지만 시니어 무대에 데뷔한 이후에는 확연한 실력차이를 보여주었다. 결국은 김연아 선수는 2010년 밴쿠버 동계 올림픽에서 금메달을 거머쥘 수 있었고, 아사다 마오는 은메달을 땄다. 또 그 후 2014년 소치 올림픽에서 김연아는 러시아 선수에게 금메달을 강탈당해 아쉽게 은메달을 땄지만 아사다 마오는 노메달의 수모를 당했다.

그렇다면 이 둘의 메달 색깔을 가를 수 있었던 원인은 무엇이었을까? 바로 트리플 악셀Triple Axel 점프에 대처하는 방법의 차이 때문이었다. 트리플 악셀은 점프를 해서 공중에서 3회전 반을 뛰는 것을 말한다. 매우 고난이도 점프이기 때문에 성공하면 가산점을 높게 받을 수 있는 반면 성공확률은 매우 낮다. 한마디로 트리플 악셀은 양날의 검인 셈이다. 실제 세계 빙상연맹ISU에서 발표한 바로는 트리플 악셀을 성공한 여자 스케이터는 아사다 마오와 우리나라 유영 선수를 포함해 열한 명에 불과하다고 한다.

아사다 마오는 주니어 시절에 트리플 악셀을 성공시켜 아사다 마오라는 이름을 알리게 되었다. 하지만 성인이 된 이후에는 몸이 주니어시절만큼 가볍지 않기 때문에 트리플 악셀의 성공률은 매우 낮았다. 트리플 악셀이 워낙 가산점이 높기 때문에 김연아도 트리플 악셀에 도전을 하였지만 번번이 실패하고 만다. 김연아는 결국 트리플 악셀을 포기하고 트리플 러츠Triple Lutz - 트리플 토룹Triple Toeloop 콤비네이션 점프로 프로그램을 변경한다. 프로그램을 변경하는 것이 쉬운 일은 아니었지만 김연아는 근성을 가지고 노력하고 연습한 결과 트리플 악셀보다 가산점이 더 높고 가장 난이도 높은 트리플 럿츠 - 트리플 토룹 콤비네이션 점프를 성공한다. 트리플 럿츠-트리플 토룹 콤비네이션 점프를 완벽하게 뛰는 선수는 아직까지 김연아가 유일하다.

가장 난이도 높은 콤비네이션 점프에 성공하는 김연아를 보면서 아사다 마오는 점점 초조해지기 시작했다. 그래서 아사다 마오는 성공 확률이 낮은 트리플 악셀에 더욱 더 집착을 한다. 김연아를 이기기 위해 한 프로그램당 한 번도 성공하기 힘든 트리플 악셀을 두 번 세 번 포함 시키지만 결과는 실패의 연속이다. 아사다 마오가 트리플 악셀을 인정받는 경우도 더러 있었으나 엄밀히 말하면 성공한 것이 아니다. 세 바퀴 반을 돌아야 하는데 회전수가 부족했고, 착지를 할 때는 한 발로 착지를 해야 한다는 규칙이 있지만 교묘하게 두 발 착지를 했다. 그럼에도 불구하고 국제빙상연맹의 자금줄인 일본과 일부 심사위원들의 밀월관계가 있었기에 아사다 마오의 트리플 악셀은 인정을 받을 수 있었다.

결국 김연아와 아사다 마오의 메달 색깔을 가를 수 있었던 것은 약점과 강점에 대처하는 방법에 차이가 있었던 것이다.

김연아는 자신의 약점인 트리플 악셀을 과감하게 포기하고 자신이 잘할 수 있는 트리플 럿츠-트리플 토룹 콤비네이션 점프를 뛰었다. 결과적으로 가장 난이도 높은 점프를 성공함으로써 더 높은 가산점을 챙기게 된다. 반면 아사다 마오는 회전수가 부족하거나 실패해서 엉덩방아를 찧는 트리플 악셀을 고집하다가 선수생활을 씁쓸하게 마감을 하게 된 것이다. 그렇기 때문에 약점을 과감하게 버리고 강점을 살린 김연아가 더욱 빛을 발할 수밖에 없었다.

아인슈타인Albert Einstein, 스티브 잡스Steve Jobs, 박지성 선수 이 세 사람의 공통점은 무엇일까?

먼저 20세기 최고의 과학자 아인슈타인부터 살펴보자면 아인슈타인은 발육이 늦어 4살까지 말을 잘 하지 못하였고 성적은 부진했다. 매사에 의욕도 없었고 친구들과 사이좋게 지내지 못했다. 아인슈타인을 지도하던 선생님은 아인슈타인을 저능아로 의심했고 성적표에는 아인슈타인은 어떤 것을 하더라도 결코 성공하지 못할 것이라고 했다.

하지만 아인슈타인의 어머니는 그런 아인슈타인을 전혀 다른 눈으로 바라봤다. 아인슈타인에게는 다른 사람들이 갖고 있지 않은 특별한 재능이 있는 것을 발견했다. 아인슈타인은 지리나 역사, 라틴어 등에서는 낙제 점수를 면치 못하였지만 수학이나 물리에서는 뛰어난 재능을 보였다. 즉 좋아하는 과목과 싫어하는 과목의 성적 편차가 심했다. 어머니는 아인슈타인에게 남과 다른 특별한 재능을 갖고 있다는 것을 얘기했고 하루에도 몇 번씩 훌륭한 사람이 될 수 있다고 격려를 하였다. 그리고 아인슈타인에게 있는 특별한 재능을 개발할 수 있도록 도움을 주었다.

비록 학교에서는 열등생이었지만 집에서만큼은 자신을 격려해 주고 감싸주는 어머니가 있었기에 우등생으로서의 자존감을 가질 수 있었던 것이다. 또한 싫어하는 과목인 약점은 버리고 좋아하는 과목인 강점을 살려서 열심히 공부한 결과 아인슈타인은 천재 과학자로 성장할 수 있었던 것이다.

그렇다면 스티브 잡스의 경우에는 어떨까? 스티브 잡스는 그의 친구 스티브 워즈니악과 애플 컴퓨터를 출범시킨다. 그 후 리사Lisa 프로젝트라 불리는 컴퓨터를 개발했지만 실패했다. 다시 매킨토시 프로젝트를 개발했지만 또 실패했다. 연이은 실패로 친구 워즈니악은 애플 컴퓨터를 떠났고, 새로운 CEO가 부임하면서 스티브 잡스는 회사에서 쫓겨났다. 스티브 잡스는 애플에서 쫓겨나면서 독자적으로 '넥스트'를 창립했다. 하지만 다시 실패를 하고 말았다.

그렇다면 스티브 잡스가 연이어 실패를 한 이유가 무엇일까? 스티브 잡스는 기술에 기반한 하드웨어에만 치중을 했기 때문이다. 하드웨어에 도전을 했지만 연이은 실패를 했고 실패를 바탕으로 스티브 잡스는 소프트웨어에 눈을 돌리게 된다. 실패를 통해 쌓은 기술력에 고객의 니즈와 감성, 창의적인 아이디어까지 더해져 애플의 아이팟이 탄생했다. 실패의 아이콘이었던 스티브 잡스의 천재성과 소프트웨어의 만남은 애플이라는 회사를 전 세계에 알리는 계기가 된다. 스티브 잡스가 끝까지 하드웨어만 고집을 했다면 오늘날의 애플은 탄생하지 않았을지도 모른다. 약점을 버리고 자신의 강점을 찾은 스티브 잡스는 비로소 세계적인 CEO가 될 수 있었다.

마지막으로 우리의 영원한 캡틴 박지성을 살펴보자. 2002년 월드
컵을 통해 박지성은 자신의 이름 석 자를 세계에 알린다. 그 후 박지
성은 잉글랜드의 맨체스터유나이티드로 이적을 해 아시아선수 최
초로 프리미어리그 우승 메달을 받았다.

박지성은 세계적인 무대에서 뛰기에는 동양인으로서 약점이 많
았다. 서양인들과 비교해 체격적으로 한계가 있어 몸싸움에서 밀리
기 일쑤였고 골 결정력은 부족했다. 하지만 그런 단점을 박지성은
자신만의 강점으로 극복해 나갔다. 박지성의 강점으로는 게임의 흐
름을 읽을 줄 아는 눈을 가져 축구지능이 있다는 찬사를 들었다. 그
누구보다 빠른 발과 부지런함, 성실함은 박지성에 대해 얘기할 때
면 빠지지 않는 말이다. 자신의 약점을 잘 알고 있었기 때문에 골이
자신의 발 앞으로 왔을 때 자신이 골을 넣는 것보다는 누구에게 패
스를 하면 득점으로 이어질 수 있을까를 읽는 눈이 있었다. 오늘 출
전한 선수들 중 최상의 컨디션을 갖고 있는 동료가 누구인지, 어느
위치에 있는 선수에게 패스를 하면 바로 득점과 연결될 수 있는지
파악을 잘했던 것이다.

박지성은 산소탱크, 두 개의 심장, 세 개의 폐를 갖고 있다는 말을
들을 만큼 90분 동안 쉬지 않고 그라운드를 종횡무진 누볐다. 그렇
게 할 수 있었던 데에는 체력이 뒷받침되었고 게임 운영을 영리하
게 하는 능력이 있었기 때문이다. 선수라면 누구나 골 욕심이 있을

법도 하지만 자신의 골 득점보다는 팀의 승리를 우선 생각했다. 그래서 박지성은 동료들이나 퍼거슨 감독으로부터 좋은 평가를 받을 수 있었다.

훗날 퍼거슨 감독은 자신의 자서전에서 박지성 선수에 대해 이렇게 평가를 했다.

"박지성 같은 선수와 경기를 한다는 것은 모든 감독의 꿈이다. 그의 유일한 문제는 자신이 세계 최고의 선수 중 하나라는 사실을 모르는 것이다."라고 말했다.

만약 박지성이 득점을 하기 위해서 노력을 했다면, 체격을 키우기 위해 노력을 했다면 그저 그런 선수로 선수생활을 마감했을지도 모른다. 하지만 자신의 약점을 파악하고 자신의 강점을 더욱 살렸기 때문에 모두의 박수를 받으며 명예로운 은퇴를 할 수 있었다.

아인슈타인과 스티브 잡스 그리고 박지성 이 세 사람의 공통점은 바로 약점은 과감하게 버리고 강점을 찾고 강점을 키웠다는 것이다.

그렇다면 왜 강점일까? 현대의 교육시스템은 평범한 보통시민을 양성해내는 것을 목표로 삼았다고 해도 과언이 아니다. 알게 모르게 우리들에게는 앞서나가는 것보다 최소한 남에게 뒤쳐지지는 말아야 한다는 강박관념이 자리 잡고 있다. 요즘은 학교에서 잘하는 학생들을 모아 놓은 반이 운영되기도 하지만 여전히 학습을 따라가지 못하는 학생들을 모아 놓고 보충하는 수업들도 이루어지고 있다. 학교 다닐 때에는 어떤 과목의 시험점수가 낮은가를 탐색해 만회하기 위해 노력하고, 성인이 되어서는 자신의 부족한 부분을 채우기 위해 돈과 시간을 들여 매달린다. 그렇게 우리는 끊임없이 자신의 부족한 부분만을 들여다보고 보완하기 위해 노력한다. 하지만 노력과는 별개로 간극이 생각만큼 쉽게 메워지는 것이 아니다 보니 자존감은 바닥을 칠 수밖에 없다. 또한 자신의 약점을 보완한다고 해서 바로 상위권으로 도약하는 것도 아니다.

앞에서 언급했지만 못하는 것을 잘하게 하기 위해서는 많은 에너지와 노력이 필요하다. 또한 못하는 것을 잘하기 위해 죽기 살기로 해봐야 중간이거나 중간보다 못할 수가 있다. 차라리 그 노력과 에너지를 자신이 잘할 수 있는 것에 쏟아 부으면 어떻게 될까? 적어도 그 분야에서는 최고가 될 수 있다. 그렇기 때문에 자녀의 강점을 알고 개발해야 하는 것이다.

긍정심리학의 창시자 마틴 셀리그만Martin Elias Pete Seligman은 심리학이라는 학문의 근원적인 부분에 대해 통찰을 했다. 마틴 셀리그만은 대체로 심리학은 자신의 어둡고 부정적인 면에 초점을 맞추고 정작 어떻게 해야 행복해질 수 있는지에 대해서는 다루지 않는 것에 대한 불만을 갖고 있었다. 그래서 대안으로 누구나 가지고 있는 긍정적인 요소에 초점을 맞춰야 한다는 제안을 하게 됐다. 그렇게 긍정심리학이 탄생하게 되었고 자신의 강점을 살리면 자존감은 덩달아 올라가고 궁극적으로 행복한 삶을 영위할 수 있다고 믿었다.

강점을 찾고 개발하는 것에 대한 시작은 거기에서 출발했다.

우리는 보편적으로 천재를 지능과 관련한 프레임에 가둬버린다. 하지만 천재란 다른 사람에게는 없는 재주나 능력을 가진 사람을 말한다는 포괄적인 생각을 한다면 누구나 천재가 될 수 있다. 누구에게나 있는 내 자녀만의 독특한 천재성을 개발하려면 내 자녀가 잘하는 것을 더 잘할 수 있도록 하면 된다. 내 자녀의 강점을 찾아 내 자녀의 자존감을 올린다면 내 자녀 천재 만들기도 결코 어려운 일이 아니다.

칭찬과
격려의 차이

켄 블랜차드Ken Blanchard의『칭찬은 고래도 춤추게 한다』라는 책이 한때 베스트셀러에 오른 적이 있었다.

우리의 옛 어른들은 아이를 칭찬하면 버릇이 없어진다고 생각했다. 그래서 자식을 칭찬하는 것에 매우 인색했다. 부모 자신도 어렸을 때부터 칭찬을 받아보지 못했기 때문에 자식을 칭찬하는 법을 몰랐다. 그렇기 때문에『칭찬은 고래도 춤추게 한다』책이 처음 출간되었을 때 남을 칭찬하는 것에 인색했던 많은 사람들이 반성을 하며 칭찬하기의 열풍이 불었다.

하지만 제대로 된 칭찬을 하지 못하고 무조건 칭찬을 하는 것이 좋다고 착각했다. 그러다보니 잘못된 칭찬에 따른 부작용도 나오기 시작했고 차라리 칭찬을 안 하느니만 못하게 된 경우마저 생겨났

칭찬은 고래도 춤추게 하지만 올바른 칭찬이 중요하다.

다. 한바탕 칭찬의 열풍이 휩쓸고 지나간 후 칭찬에 대해 다시 생각해보는 계기가 됐다.

많은 학자들은 칭찬도 중요하지만 칭찬보다는 격려가 더 중요하다고 한다. 그럼 칭찬과 격려는 무슨 차이가 있을까? 사전적 의미를 보면 칭찬은 다른 사람의 좋고 훌륭한 점을 들어 추어주거나 높이 평가함을 뜻하며, 격려는 용기나 힘 따위를 북돋아 줌을 의미한다. 쉽게 풀어서 얘기하자면 칭찬은 어떤 사람이 한 행동의 결과에 대해 평가하고 판단하는 것을 말하고, 격려는 어떤 사람이 한 행동의 과정에 대해서 인정해주는 것을 말한다.

2010년 EBS에서 칭찬의 역효과에 대한 실험을 진행했었다. 아이들에게 낱말카드를 주고 3분 동안 외우게 한 뒤 칠판에 기억나는 단어를 순서에 상관없이 쓰게 한다. 아이들이 기억한 단어를 적을 때마다 선생님은 잘한다, 똑똑하다, 대단하다라며 칭찬을 한다. 칭찬을 들은 아이들은 연출 의도대로 선생님이 잠시 자리를 비우자 고민 끝에 카드를 훔쳐보고 칠판에 답을 적었다. 그런데 카드를 훔쳐보고 답을 적은 아이들의 비율이 무려 70%나 되었다. 그들은 선생님이 칭찬해 준대로 똑똑하고 대단한 아이가 되기 위해서, 칭찬을 들은 것에 대해 실망시키고 싶지 않아서 그런 행동을 한 것이다. 그 실험은 대학생들을 대상으로 했을 때도 마찬가지였다.

칭찬과 함께 따라오는 것은 결과에 대한 기대이며 그래서 우리는 칭찬을 들으면 불안해진다. 그 기대에 부응해야 한다는 심리적 압박감 탓에 카드를 몰래 훔쳐보고 적는 것이다. 스탠포드대학교 심리학과 교수인 캐롤 드웩Carol.S.Dweck은 "만약 어떤 사람의 재능을 칭찬하는 순간 그 사람은 자신이 완벽해야 한다고 생각한다."고 했다. 실험결과를 보면 부정행위를 해서라도 똑똑하게 보이려고 하는 것이다.

아이에게 어떤 말을 해주고 싶다면 재능에 대한 칭찬보다는 노력한 것에 대한 말을 하는 것이 좋다. 같은 실험 결과 칭찬을 받은 아이들보다 노력한 것에 대한 말을 들은 아이들이 부정행위를 거의 하지 않았다. 칭찬을 하면 아이들의 자신감을 높여줄 것이라고 믿었는데 실험을 통해 그 믿음이 틀렸다는 것을 알 수 있었다. 또 다른 실험을 통해 이 결과는 극명하게 나뉜다.

문제를 푸는 아이들을 A, B 두 그룹으로 나눠 A그룹에게는 선생님이 "잘한다. 머리 좋네." "아까 그건 어려운 문제였는데 머리가 좋은 편이구나." "똑똑하네, 금방 했네."라는 칭찬을 했다. 반면 B 그룹에게는 "어려운 문제를 끝까지 잘 노력해서 하는구나." "차분하게 하더니 어려운 문제도 잘 맞았네." "중간 중간에 어려운 문제도 있었는데 침착하게 잘 풀었네."라고 노력한 것에 대해 선생님이 얘기를 했다. 그 결과 A그룹은 다음 단계에서 모든 학생이 처음과 비슷한 유형의 문제를 선택했고 B그룹의 학생들은 다음 단계에서 1명을 제외한 모든 학생들이 처음보다 어려운 문제를 선택했다.

왜 이런 현상이 나타난 것일까? 머리가 좋다는 칭찬을 받은 학생들은 자기가 수행한 과제가 머리가 좋고 나쁘고를 판단하고 평가하는 과정으로 생각한다. 그래서 어렵고 새로운 과제를 수행했다가 실패했을 경우 자신의 머리가 나쁘다는 것이 증명될 수도 있다고 생각한다. 그렇기 때문에 심적 부담감을 느껴 어려운 문제에 도전하는 것을 회피하게 된다는 것이 가톨릭대학교 심리학과 교수인 정윤경 교수의 말이다.

그런데 더욱 놀라운 사실은 따로 있었다. A, B그룹 모두에게 '문제풀이 방법'이 들어 있는 박스와 '다른 친구들의 점수'가 들어 있는 박스를 제시하고 고르게 했다. 칭찬을 받은 A그룹의 학생들은 다른 친구들의 점수가 들어 있는 상자를 선택했고, 과정에 대한 노력을 인정하고 격려를 받은 B그룹의 학생들은 문제풀이 방법이 들어 있는 상자를 선택했다.

똑똑하다는 칭찬을 들은 A그룹의 학생들은 자신이 몇 등했는지, 다른 친구들보다 얼마나 똑똑한지를 알고 싶어 했다. 반면 과정에 대한 노력을 인정받은 B그룹의 학생들은 한 명을 제외하고 문제풀이 방법이 들어 있는 상자를 선택했다. 그 이유는 틀린 문제에 대한 풀이 방법을 알아야 다음에는 실수하지 않을 수 있기 때문이라고 했다.

워싱턴대학교 신경정신과 로버트 클로닌저Claude Robert Cloninger 박사는 "지속적인 칭찬은 항상 성공할 것이라는 자만심을 키워주고 쉽게 포기하게 만든다."고 했다. 이 실험을 하면서 제작진도 전혀 예상치 못했던 반응을 확인하게 된다. 똑똑하고 머리가 좋다는 칭찬을 받은 아이들의 표정은 기쁘고 행복한 표정이 아니라 불안한 표정이었다는 것이다. 부모들은 칭찬 속에 숨어 있는 의도를 아이들이 눈치채지 못할 것이라고 생각하지만 아이들도 다 안다.

교육학자 알피 콘Alfie Kohn은 "칭찬한다는 것은 곧 평가하는 것이다. 칭찬을 하지 않으면 차갑게 대하는 것이고 다정하지 않다는 잘못된 이분법적 사고에서 벗어나야 한다. 칭찬을 하는 것은 통제를 하는 것이지 사랑을 주는 것이 아니다."라고 역설한다. 칭찬을 하기보다는 그저 지켜보거나 보고 있는 것을 설명해 주거나 그에 대한 질문을 해 주면 된다. 그럼으로써 아이들이 스스로 결정하고 행동할 수 있게 하는 것이다.

"잘했어." "최고야!" "똑똑해."라는 칭찬보다는 아이를 향한 믿음과 관심이 칭찬을 대신할 수 있다. 열심히 노력하고 있는 것에 대해 마음을 읽어주고 격려를 해주는 것이 더욱 값어치 있는 말이다. 손쉬운 칭찬보다는 서로의 마음을 나누는 대화와 진심어린 사랑이야말로 칭찬을 이기는 힘이다.

칭찬의
기술

그렇다면 어떻게 칭찬하는 것이 현명한가? 어떻게 칭찬하면 내 아이를 춤추게 할 수 있을까?

첫 번째로 재능보다는 의지와 노력에 대해 칭찬한다. 즉 결과보다 과정을 칭찬해야 하는 것이다.

"유나가 수학을 90점 맞았구나. 정말 잘했어. 역시 내 딸이 최고야."

이렇게 칭찬을 하면 왠지 다음 시험에서는 100점을 맞아야 할 것 만 같은 부담감이 든다. 그리고 최고의 딸이 되지 못할까봐 불안하고 조바심이 나며 심하면 우울증에 빠지기도 한다. 만약 부모의 기대에 부응하지 못하는 결과가 나왔을 때 자존감은 지하 100층까지 떨어지게 된다. 그에 비해 노력을 칭찬해주게 되는 경우에는 이렇게 말을 할 수 있을 것이다.

"유나가 수학을 90점 맞았구나. 며칠 동안 좋아하는 게임도 줄여

가면서 열심히 노력을 하더니 좋은 결과를 얻었네."

이처럼 노력에 대해 칭찬하는 경우에는 결과보다는 과정을 더 중요하게 생각하기 때문에 틀린 문제에 대해서도 오답노트를 써 가면서 복기한다. 다음에는 더 노력을 해서 꼭 맞추고야 말겠다는 도전의식이 생기고 실패에 대한 두려움이 없다.

두 번째는 미루지 말고 즉시 칭찬한다.

"아까는 정말 잘했어." 하고 시간이 지나서 칭찬하는 것은 큰 감흥이 없다. 칭찬을 하려면 바로 즉시 해야 한다.

"와, 지금 너의 대처 방법은 정말 잘한 것 같아. 어떻게 그런 생각을 했어? 엄마는 그런 생각을 못 했는데 엄마도 다음에는 그렇게 해 봐야겠다." 이처럼 즉석에서 생생하게 이루어지는 칭찬이야말로 기쁨을 두 배로 느낄 수 있다.

세 번째는 애매모호한 표현보다 구체적으로 칭찬한다.

"엄마에게 선물을 사줘서 고마워. 잘 쓸게."라고 두루뭉술하게 칭찬을 하는 것보다는 "엄마에게 선물을 사줘서 정말 고마워. 유리가 엄마를 생각하면서 선물을 골랐을 것을 생각하니 엄마가 가슴이 뭉클해. 유리가 사준 목도리는 엄마가 입고 있는 코트하고도 색이 찰떡처럼 잘 어울릴 것 같아. 솜털처럼 포근하고 정말 따뜻하네. 그런데 유리는 엄마가 이 색 좋아하는 걸 어떻게 알았어? 엄마가 목도리하고 다닐 때마다 유리의 마음을 생각하면서 잘 하고 다닐게."

이처럼 칭찬을 할 때는 보다 구체적으로, 적어도 두 가지 이상의 형용사를 집어넣어서 표현한다면 훨씬 생생하다. 거기에 더해서 풍부한 표정과 리액션까지 해 준다면 금상첨화일 것이다.

마지막으로 공개적으로 칭찬하고 제3자에게 칭찬하면 그 효과는 더 좋다. 칭찬을 할 때는 단 둘이 있는 자리에서 하는 것보다 여러 사람들이 있는 자리에서 공개적으로 할 때 효과가 더 있다.

"예담이가 이번에 학교에서 봉사상을 받았어요. 학교에 다리를 다쳐 불편한 친구가 있었는데 두 달 동안 깁스를 한 친구의 가방을 들어다 주고 도와줘서 상을 받았지 뭐예요."

그 말을 들은 사람들은 여기저기서 기특하다는 말을 할 테고 예담이는 쑥스러워하면서도 슬며시 미소가 피어오를 것이다. 이처럼 직접적인 칭찬도 좋지만 경우에 따라서는 제3자에게 칭찬을 하는 것도 좋다. 언젠가는 본인의 귀에 들어갈 것이고 다른 사람을 통해 듣는 칭찬은 진정으로 인정을 받았다는 생각이 들게 한다.

"예담이 학교에서 봉사상 받았다며?"

"이모, 그걸 어떻게 아셨어요?"

"엄마가 그러던데. 예담이 너도 힘들었을 텐데 불편한 친구를 도와줘서 기특했다고 하시더라. 그런데 노력한 것에 대해 상을 받게 돼 엄마가 정말 자랑스러워하셨어."

"아이, 엄마는 쓸데없이 그런 얘기를 왜 하셨지."

말은 그렇게 하지만 어느새 아이의 입 꼬리가 올라갈 것이다

사례: 잘했다는 칭찬이 그렇게 어려운가요?

기말고사 기간 첫날이다. 규진이는 지난 중간고사 때 반에서 5등을 했다. 열심히 노력을 한 결과여서 규진이는 만족했지만 엄마는 속이 상하다고 며칠 동안 밥도 안 먹었다. 규진이가 기말고사 때는 더 열심히 해서 성적을 올리겠다는 약속을 했고 그제야 규진 엄마는 화가 풀렸다. 규진이는 엄마와의 약속을 지키기 위해 기말고사를 앞두고 한 달 전부터 열심히 공부를 했다. 그런 노력 때문인지 첫날 주요과목 시험인 국어만 두 문제 틀리고 다른 과목은 전부 백 점을 맞았다. 출발이 좋다고 생각되어 규진이는 콧노래를 부르며 집으로 왔다. 현관문을 열고 들어서는 규진이의 모습은 당당하고 자신감이 넘쳤다. 신발을 건성건성 벗어 던지고 엄마부터 찾는다.

"엄마 엄마!"

"응, 규진아 시험은? 시험은 잘 봤어?"

"네, 엄마 나 국어 시험 두 개 틀리고 다 맞았어요."

"국어를 두 개 틀렸다고? 주요과목인데 두 개나 틀렸단 말이야? 국어가 얼마나 중요한데!"

엄마의 목소리가 쨍하고 갈라진다.

"그래도 중간고사 때는 세 개 틀렸었는데 이번에는 두 개밖에 안 틀렸으니까 점수가 올랐잖아요. 그리고 이번 국어 시험은 어려워서 다들 점수가 안 좋아요. 나는 잘한 편이에요. 첫날부터 출발이 좋은 것 같아요."

"전부 백 점을 맞은 것도 아니고 국어를 두 개나 틀렸는데 출발이 좋기는 뭐가 좋아. 그리고 친구들이 시험을 못 봤을 때일수록 백 점을 맞아야 평균점수가 올라가지. 에이, 속상해. 얼른 들어가서 내일 시험 과목 공부해. 내일 보는 과목은 전부 백 점 맞아야지. 엄마가 떡볶이 만들어 넣어줄게."

규진이는 지난 번 시험보다 잘 봤기 때문에 잘했다는 칭찬을 들을 줄 알았는데 엄마의 반응이 신통찮은 것 같아서 금세 풀이 죽었다.

"네~ 알았어요."

현관문을 벌컥 열고 기세 좋게 들어왔던 모습은 온데간데없고 어깨를 축 늘어뜨리며 방에 들어간다.

시험 이튿날, 규진이는 전날 새벽 두 시까지 공부를 했고 다행히 공부한 곳에서 문제가 나와서 영어 시험을 백 점 맞았다. 다른 과목에서 한 개씩 틀리기는 했지만 그래도 주요과목인 영어에서 백 점을 맞았으니 오늘은 엄마에게 칭찬을 들을 것이라는 기대감을 가지고 집에 돌아 왔다. 어제보다 더 힘을 줘서 현관문을 열고 들어오며 엄마를 부른다.

"엄마, 엄마, 엄마 나 영어 백 점 맞았어요."

"그래? 영어 백 점 맞았어? 규진아 잘했어. 근데 영어 문제가 쉬웠니? 백 점 맞은 사람이 몇 명이야?"

"엄마, 그게 뭐가 중요해? 내가 백 점 맞은 게 중요하지."

"아니, 문제가 쉬웠는지, 백 점 맞은 사람이 몇 명인지도 중요하지. 그래야 네가 어느 정도 위치에 있는지 알 수가 있잖아."

"엄마, 너무해. 내가 시험 잘 보려고 얼마나 노력했는지 알아? 그래서 영어 백 점 맞았으면 됐지. 뭘 더 바라는 거야?"

"아, 그래, 알았어, 잘했어. 수고했어. 아들."

엄마의 말을 뒤로 하고 규진이는 방문을 쾅 닫고 들어가 버린다. 엄마는 아차 싶었지만 이미 규진이는 마음의 상처를 입었다.

규진이 엄마는 규진이가 시험을 잘 봐서 반에서 1등 하기를 원했다. 규진이가 국어 시험에서 두 문제를 틀렸을 때는 백 점 맞지 못한 것에 대해 속이 상했다. 그러다가 막상 영어 시험 백 점 맞았을 때는 잘했다는 칭찬은 건성으로 하고 오히려 규진이가 잘한 것이 아니라 문제가 쉬웠던 것이 아닌지, 백 점이 몇 명인지가 더 궁금했다. 엄마는 규진이가 반에서 1등 해야 한다는 절대 기준을 정해 놓고 규진이가 그 기준에 맞춰주기를 바랐다.

규진이가 지난번 시험보다 결과가 좋았음에도 불구하고 노력에 대한 칭찬보다는 엄마가 세운 기준에 맞추기만을 바랐던 것이다. 아마도 반에서 1등을 하면 전교에서 1등 하기를 원할 것이고 전교에서 1등을 하면 전국에서 1등 하기를 원할 것이다. 결국 규진이 엄마는 규진이가 만점 받기를 원할 것이다. 규진이 엄마의 기준은 규진이가 만점 받고 1등을 하는 것이고 규진이가 만점 받아야 직성이 풀릴 것이다. 규진 엄마는 규진이가 최고가 되어야 한다는 기준을 정해놓고 그 기준에 부합할 때까지 만족할 줄 모르고 끊임없이 채찍질할 것이다.

국어 시험 백 점 맞은 사람이 누구인지, 영어 시험 백 점 맞은 사람이 몇 명인지 자녀를 남과 비교하는 것은 전혀 도움이 되지 않는다. 자녀의 비교 기준은 친구의 점수가 아니라 바로 자녀의 과거 점수여야 한다. 규진이의 경우 지난 중간고사에서는 국어를 세 개 틀렸는데 이번에 두 개를 틀렸다면 잘한 것이다. 그러면 그에 대한 칭찬이 있어야 한다. 엄마와의 약속을 지키기 위해 열심히 공부한 규진이의 노력에 대한 칭찬은 반드시 해야 하는 것이다. 그래야 규진이는 더 높은 목표를 정하고 스스로 노력을 할 것이다. 엄마가 세워놓은 기준에 맞추기 위해 하는 노력은 자신이 정한 기준이 아니기 때문에 달성을 하기 위한 동기부여도 떨어지고 기준에 도달했을 때도 성취감은 떨어질 수밖에 없다.

프로크루스테스의 침대

　프로크루스테스는 그리스 신화에 나오는 유명한 강도의 이름이다. 그는 아테네 언덕에 살았는데 엄청난 거인이어서 힘이 장사였다. 그는 메가라에서 아테네로 가는 길목을 지키고 있다가 지나가는 나그네들을 상대로 금품을 빼앗는 노상강도질을 했다. 프로크루스테스는 기나긴 여행에 지쳐 아테네 언덕을 넘어가는 나그네들에게 자신의 집에서 쉬었다 가라고 유혹을 한다. 자신의 집에는 어느 누가 누워도 눕는 사람들에게 길이를 맞춰 줘서 편안하고 안락하게 쉴 수 있는 마법의 침대가 있다고 꼬드긴다. 긴 여행길에 피곤한 사람들은 편안하고 안락한 마법의 침대가 있다는 그의 꾐에 넘어간다. 다리쉼과 함께 잠깐 눈이라도 붙여 피곤을 떨쳐내고 다시 출발할 힘을 얻을 요량으로 그의 집으로 들어간다.

그를 따라 들어간 집에는 과연 침대가 있었다. 그런데 그 침대는 쇠로 만들어져 있었다. 애초에 프로크루스테스가 말했던 안락함과는 거리가 멀었다. 하지만 나그네들은 기왕에 들어온 김에 쉬었다 가려고 침대에 몸을 누인다. 프로크루스테스는 나그네가 침대에 누우면 그를 결박하여 침대에 꽁꽁 묶어버린다.

그런 다음 침대에 누운 나그네의 키가 침대보다 크면 키가 큰 만큼 다리를 잘라서 침대의 길이에 맞춰 죽였고 침대보다 키가 작으면 다리를 억지로 잡아 늘여 침대의 길이에 맞춰 죽였다. 결국 침대보다 키가 큰 사람이나, 침대보다 키가 작은 사람이나 침대에 맞추기 위해 죽을 수밖에 없었던 것이다.

그런데 그보다 더 놀라운 것은 그 침대의 안쪽에는 침대의 길이를 조절하는 장치가 있었다는 점인데 어떤 사람이 누워도 결코 침대의 길이에 맞출 수가 없고 모두 죽을 수밖에 없는 무시무시한 침대였던 셈이다.

프로크루스테스는 강도짓을 하다가 들통날까봐 증거를 인멸하기 위해 사람들을 죽였던 것인데 그냥 죽일 수는 없어 침대의 길이에 맞춘다는 명분을 내세웠던 것이다. 하지만 이렇게 악행을 저지른 프로크루스테스도 그리스 신화의 영웅 테세우스에게 똑같은 모습으로 머리와 다리를 잘려 죽임을 당한다.

이후 이 침대는 '프로크루스테스의 침대'라는 용어로 심리학에서 빈번하게 사용되고 있다. 이는 자신의 기준이나 생각이 무조건 옳다고 생각하고 자신의 생각과 기준에 다른 사람이 맞춰 주기를 바랄 때 사용된다. 또 자신의 주장은 굽히지 않은 채 다른 사람의 생각을 억지로 바꾸려고 하는 아집과 독단적이고 횡포에 가까운 상황일 경우에도 사용된다.

프로크루스테스가 지나가는 나그네의 다리를 자르거나 늘이기 위해서는 힘이 있어야 한다. 그런데 프로크루스테스는 어떠했나? 그는 엄청난 거인이고 힘이 장사였다. 그래서 프로크루스테스는 지나가는 나그네의 다리를 자르거나 늘이는 악행을 저지를 수가 있었던 것이다.

그렇다면 부모와 자녀 사이의 관계에서 힘은 누구에게 있을까? 당연히 힘과 권력은 부모에게 있다. 힘의 균형이 불평등한 관계에서의 힘겨루기는 처음부터 자녀들에게는 불리할 수밖에 없다. 부모의 기준에 자녀가 맞추기를 강요하는 것은 자녀들 입장에서는 몹시 억울할 수밖에 없다.

혹시 우리들은 아이들을 부모의 프로크루스테스의 침대에 억지로 눕히려고 하는 우를 범하지는 않았는지, 아이를 위한다는 명분으로 나만의 기준을 정해두고 아이의 생각이나 의견을 나의 기준에 꿰맞추려고 하지는 않았는지 한번쯤은 생각해 볼 필요가 있다.

코이의 법칙
(Koi's Law)

    미국에서 꽤나 유명한 그룹이 있는데 그룹의 뉴욕 본사 1층 로비에는 아름답게 꾸며진 수족관이 있었다. 문을 열고 들어서면 수족관이 가장 먼저 사람들을 맞이하는데 그 수족관 속에는 약 10cm 남짓한 물고기들이 수초들 사이로 유유히 헤엄을 치며 살고 있었다. 물고기들이 이 수족관에 살게 된지는 2년쯤 됐으나 처음 물고기를 들여왔을 때와 별반 크기의 변화는 없었다. 그 날도 물고기들은 아름다운 자태로 한가로이 헤엄을 치고 있었는데 그룹 회장의 장난꾸러기 막내아들이 회사에 왔다가 실수로 수족관을 깨뜨려 버렸다. 갑작스러운 상황에 물과 함께 쏟아져 내린 물고기들을 마땅히 둘 곳이 없어 급히 로비 가운데에 있는 큰 분수대에 넣어두었다.

    회사에서는 수족관이 회사를 방문한 사람들에게 좋은 인상을 심어 줬다는 것을 알고 다시 주문제작 했다. 수족관이 도착하기까지는 두 달여의 시간이 걸렸고 마침내 수족관이 도착했다. 그런데 분수대에 방류했던 물고기들을 건져내던 사람들은 깜짝 놀랐다. 지난 두 달 사이에 10cm의 크기에 불과했던 물고기들이 25cm의 크기로 폭풍 성장했던 것이다. 이에 대해 사람들은 많은 가설을 내놓았다. 하지만 한 가지 공통적인 견해는 수족관보다는 분수대의 크기가 컸기 때문에 넓고 큰 분수대에서 물고기들은 더 성장할 수 있지 않았을까 하는 생각을 하게 되었던 것이다.

관상어 중에 코이라는 물고기가 있다. 일본어로 비단잉어를 뜻하는 코이는 자라나는 환경에 따라 크기가 달라진다. 코이가 환경에 따라 몸의 크기를 자유자재로 결정할 수 있는 이유는 성장억제 호르몬을 몸에서 분비하여 물의 상태를 확인할 수 있기 때문이다. 만일 물이 고여 있고 자라는 환경이 좁다면 성장억제 호르몬 농도가

코이(비단잉어)는 자라는 환경에 따라 5cm도, 125cm도 될 수 있다.

높아져서 성장을 멈출 수 있게 한다. 더 넓고 좋은 환경이 될 때까지 성장하는 것을 잠시 보류할 수 있는 능력이 있는 것이다.

그에 따라 코이를 작은 어항에서 키우면 크기가 5~8cm에 불과해 피라미 정도의 크기에 불과하다. 하지만 그보다 크기가 큰 수족관이나 연못에서 기르게 되면 코이는 15~20cm까지 자라게 된다. 그런데 놀라운 것은 코이를 강물에 방류하게 되면 그 크기가 무려 90cm에서 최대 125cm까지도 자라게 된다는 것이다.

같은 물고기인데 크기가 이토록 차이가 나는 것은 전적으로 이 물고기가 어떤 환경에서 자라게 되느냐에 따라 달려 있다. 즉 코이를 둘러싼 환경의 크기에 따라 코이는 5cm도 될 수 있고 125cm도 될 수 있다. 바로 이것을 코이의 법칙Koi's Law이라고 한다.

코이가 그렇듯 사람인 우리도 마찬가지이다. 사람도 주변 환경에 많은 영향을 받는다. 어느 환경에서 자라느냐에 따라 우리의 자녀들도 성장을 멈추고 보류하는 삶을 살다가 생을 마감할 수도 있고, 무한한 성장을 할 수도 있다. 자녀들의 실력이나 성적을 탓할 것이 아니라 내가 어떤 환경을 제공해 주었는지를 돌아봐야 한다. 부모인 나는 작은 어항이면서 내 자녀가 125cm로 자라기를 바라지 않았는지 생각해 봐야 할 것이다. 작은 어항에서는 125cm의 물고기가 결코 자랄 수 없다. 작은 어항이 산산조각이 나거나 물고기의 성장이 멈추기 전에 물고기를 넓은 강물에 놓아주거나 내가 커다란 강물이 되어 물고기를 넉넉한 마음으로 품어줘야 한다.

PART 9

청소년기의 특성

사례:
관심과 사랑이 필요해요

"선생님, 선생님!!!"

"응 수빈이구나, 왜?"

"선생님, 우리 엄마가 나 때렸어요."

"뭐? 정말?"

"네, 우리 엄마가 맨날맨날 나 꼬집고 때려요. 그리고 밥도 안 줘요."

"수빈아 정말? 정말이야?"

"네, 그래서 속상해요."

수빈이는 조그맣게 얘기를 하며 나의 품 안으로 파고드는데 머리에서는 연한 샴푸냄새가 난다. 엄마의 폭행이라니 어떻게 해야 할지 몰라 가슴이 두근거린다. 이제 초등학교 1학년인 어린 아이를 때릴 데가 어디 있다고 학대를 한단 말인지, 담임 선생님은 이 사실을 알고 있을까? 그러나 수빈이가 그 얘기를 하는 동안 다른 아이들은 수빈이를 한번 쓱 쳐다보더니 이내 고개를 돌리고 하던 작업을 계속한다. 머릿속이 복잡해서 수업을 어떻게 했는지도 모르게 시간이 지나갔고 나는 담임 선생님에게 수빈이의 얘기를 했다. 담임 선생님은 별일 아니라는 투로 얘기를 한다.

"수빈이에게 선생님도 당하셨군요. 저도 처음에 그 얘기를 듣고 많이 놀라서 수빈이 엄마도 만나보고 같은 아파트 사는 친구들에게도 알아봤거든요. 그런데 아니더라고요. 수빈이 부모님은 맞벌이를 하는데 수빈이 엄마가 대기업에서 꽤 지위가 높아요. 그러다보니 수빈이를 돌볼 시간이 아무래도 부족하겠죠. 엄마가 신경을 쓴다고 하기는 하는데 수빈이는 엄마의 사랑이 부족한가봐요. 그래서 이 사람 저 사람 만나는 사람들마다 붙잡고 엄마가 밥을 굶기거나 때린다고 얘기하고 다녀서 엄마가 굉장히 곤란해 하시더라구요."

"아~ 그렇다면 다행이네요. 그렇잖아도 수빈이의 말을 듣고 수빈이를 안아주며 슬쩍 수빈이에게서 폭행의 흔적을 찾으려고 봤지만 폭행의 흔적은 없더라구요. 굶었다고 하기에는 발육상태도 괜찮은 것 같구요. 옷 입는 것을 봐도 계절에 맞는 옷을 입었고 깨끗하고 단정했어요."

"네, 맞아요. 저도 처음에 그 얘기를 들었을 때는 수빈이의 몸 구석구석 멍 자국이 있는지 없는지부터 봤었거든요. 그런데 전혀 그런 흔적을 발견할 수 없었어요. 항상 입성도 깨끗하고 머리도 신경 써서 예쁘게 묶거나 핀을 꽂았고 손톱도 짧게 잘 깎여져 있었구요."

"알겠습니다. 아까 그 얘기를 들었을 때는 굉장히 놀라 가슴이 뛰었는데 이제 안심이 되네요. 아무래도 우리들의 사랑과 관심이 더 필요한 것 같습니다."

수빈이는 어렸을 때부터 엄마가 직장일로 바빠서 함께하지 못했던 것 때문에 부모의 사랑에 목말라했다. 사람들의 관심과 엄마의 관심을 끌 요량으로 다른 사람들에게 거짓말을 하고 다녔다.

사례:
네가 뭐가 부족해서?

    태민이의 상담카드를 받아 들고 나는 의아심을 갖게 되었다.

    태민이의 아버지는 경찰서의 고위 간부이고 태민이의 어머니는 은행의 지점장이며 함께 사는 태민이의 할아버지는 작은 기업체를 운영하시는 분이었다. 경제적으로도 유복한 편이며 사회에서의 역할도 비교적 우위에 있다고 할 수 있는 편이다. 그런데 태민이가 상담시간을 이수하기 위해 나에게 온 사유는 의외로 절도 때문이었다. 체육시간에 체육복을 갈아입고 모두 운동장에 나가는 사이에 다시 교실에 들어와서 친구의 지갑을 훔친 것이다. 지갑을 잃어버린 친구가 선생님에게 신고했고 복도에 있는 CCTV를 확인한 결과 태민이 혼자 교실에 들어갔다 나가는 모습이 확인이 되었다. 이후에 학교 뒤편에 있는 쓰레기통에다 빈 지갑을 버리는 장면이 다른 CCTV를 통해서 확인이 되었다.

태민이는 자기는 절대 돈을 훔치지 않았으며 모함이라고 적극적으로 부인을 하였다. 태민이의 아버지는 학교 운영회장이었기 때문에 학교에서도 입장이 난처했다. 명백한 증거가 있음에도 반성을 하지 않는 태민이 때문에 결국 학교에서는 태민이의 아버지를 부를 수밖에 없었다.

학교에 불려간 태민이 아버지는 경찰간부인 아버지 얼굴에 먹칠을 하고 다닌다고 길길이 날뛰며 태민이에게 손찌검 하는 것을 선생님들이 말려서 간신히 둘 사이를 떼어 놓았다. 결국 태민이는 특별 교육을 받게 되어 만나게 되었다.

"태민아~ 안녕?"

"네~"

"태민이 뭔가 불만이 있어 보이는 얼굴인데?"

"네, 선생님 억울해요. 저는 절대로 돈 안 훔쳤거든요."

"그래? 안 훔쳤다면 정말 억울하겠다. 어떻게 된 사연인지 선생님에게 설명해 줄래."

"아~ 몰라 몰라요, 어쨌거나 난 안 훔쳤어요. 그냥 운동장에 나가려다가 뭘 놓고 와서 다시 들어왔다 나간 것뿐이에요. 왜 나한테 그런 누명을 씌우는지 난 진짜 억울해요. 다들 날 매장시키려고 해요."

"그렇구나. 그런데 CCTV에 찍혔다던데."

"몰라요. 몰라요. 그거 나 아니에요. 난 어쨌거나 안 훔쳤어요. 아빠는 잘 알지도 못하면서 나를 때리려고만 해요.”

"그렇구나. 엄마는 뭐라고 하셔?”

"엄마는 학교에 안 오셨어요. 창피하대요. 그래서 아빠가 오셨어
요.”

풀죽은 목소리로 태민이는 안 훔쳤다는 말만 되풀이하였다.

아버지는 법을 수호하는 경찰이고 엄마는 은행 지점장이니 겉으
로 봐서는 남부러울 것 없이 넉넉한 가정이다. 그럼에도 12,000원
을 훔친 태민이는 명백한 증거를 제시했음에도 끝까지 혐의를 부
인했다.

동화 속 피노키오처럼 거짓말을 하는 아이들에겐 적절한 대처가 필요하다.

아이를 키우면서 아이들의 거짓말에 한번쯤은 하늘이 무너지는 것 같은 느낌도 받고 때로는 충격과 배신감도 느낀다. 내 아이가 절대 그럴 리 없다고 부인하고 싶은 심정이 들기도 한다.

하지만 의외로 내 아이가 문제가 있거나 나쁜 아이가 아닌가 하는 생각에 고민하는 사람들이 많다.

그러나 만 5세 이전에 아이가 하는 거짓말에는 우리들이 조금은 너그러워져도 된다. 그 나이 또래는 아직 인지발달이 덜 되어 있어서 현실과 환상, 거짓과 진짜의 구분이 명확하지 않기 때문이다. 그런 아이에게 "넌 나쁜 아이야."라는 프레임을 씌운다면 오히려 아이에게 낙인효과가 생길 수도 있다. 아이에게 거짓말을 한 이유를 물어보고 그에 따라서 거짓말을 하는 것은 나쁜 일이라는 것을 잘 설명해 주고 다시 되풀이 되지 않도록 해주면 된다.

하지만 초등학교 이후에 하는 거짓말은 상황이 조금 다르다. 한두 번의 거짓말은 상황을 모면하기 위하거나 혹은 혼날까봐 두려워서 하는 경우가 있다. 하지만 거듭된 거짓말에는 각별히 주의를 기울여 지켜봐야 한다. 거짓말을 하는 다른 의도가 있을 수 있으므로 거짓말을 하기보다는 같은 상황에서 어떻게 해야 하는지를 알려준다. 그리고 무엇보다 거짓말을 함으로써 생겨날 일에 대한 책임을 져야 한다는 이야기를 분명히 해주는 것이 좋다.

위에 언급한 수빈이와 태민이의 엄마처럼 맞벌이를 하는 엄마들은 항상 아이들에게 죄책감을 갖고 있다. 업무적인 일과 가정적인 일, 둘 다를 잘 못하고 있다는 생각에 마음이 영 불편하다. 그런 상황에서 이런 일을 겪게 되면 모든 것이 내 탓인 것만 같다는 생각에 사로잡혀 죄책감을 갖기 마련이다. 하지만 그런 생각을 가질 필요가 없다는 연구결과가 나왔다.

그동안 1951년 존 보울비John.M.Bowlby가 애착이론을 발표한 이후에 '3살까지는 아이를 엄마가 키워야 한다.'라는 생각이 대세였다. 하지만 최근 연구 결과에서 그 근거가 희박하다는 분석이 나왔다. 2014년 미국에서 1만 명 이상을 대상으로 실시한 연구결과에 따르면 아이가 2살 이전에 엄마가 일을 한 경우 아이가 5살이 된 시점에서 아이의 학습능력과 문제행동 간 관련성이 인정되지 않는다고 한다. 즉 "엄마의 취업은 아이의 발육에 위험요인도, 플러스 요인도 아닌 것으로 분석됐다."고 발표했다.

또 일본의 스가하라 교수의 연구에서 확인된 결과 아이의 발달에 영향을 미치는 요인으로 첫째 '엄마의 마음 건강', 둘째 '부부 사이의 관계', 셋째 '조부모 등 주 양육자의 질'이라고 확인되었다. 세 가지의 요인이 아이의 발달에 영향을 줘 문제행동으로 이어질 수 있다고 한다. 이 말은 맞벌이를 하고 있는 엄마의 마음이 죄책감으로 위축된 것이 아니라, 사회의 구성원으로서의 역할과 맞벌이를 하고 있는 엄마로서 역할 모두 최선을 다하고 있다는 건강한 마음가짐이라면 아이의 발달에 영향을 주지 않는다는 것이다. 또한 맞벌이를 하는 부부 사이의 관계가 서로 협력적이고 원만하다면 아이의 발달에 영향을 주지 않는다는 것이다.

외벌이를 하고 엄마가 전적으로 육아를 책임진다고 해도 부부 사이가 원만치 않는 경우가 오히려 아이의 발달에 영향을 준다. 부부 싸움이 아이에게 미치는 영향은 상상보다 심각하다. 단단하게 아이를 둘러싸고 있던 우주가 산산이 부서지는 느낌이다. 부부가 싸우는 것을 보고 자란 아이는 공격적인 성향이 나타나고 불안이나 우울증, 부적응적인 문제 행동을 동반한다. 그러므로 맞벌이를 하면서 부부관계가 원만하다면 발달에 영향을 미치지 않는다는 것이 연구결과이다. 마지막으로 요즘에는 부모를 대신해서 조부모가 아이를 양육하는 가정이 많은데 부모 및 조부모 등 주 양육자의 애정 어린 돌봄이 있다면 아이의 발달에는 전혀 영향이 없다는 것이 최근까지 나온 다양한 연구 결과이다.

그러니 이제는 직장일로 아이를 직접 키우지 못해서 갖는 죄책감일랑은 더 이상 갖지 말고 다른 방법으로 충분한 사랑을 표현하는 것이 좋을 것이다.

맞벌이 부모의
아이 키우기

　그렇다면 맞벌이를 하는 가정에서는 아이를 어떻게 키워야 할까?

　맞벌이 가정의 자녀와의 시간은 양보다는 질이다. 전업주부로 하루 종일 아이와 함께 있다고 해서 아이가 올바르게 자라는 것은 아니다. 엄마가 직장에 있을 때에는 아이와 SNS나 영상통화를 통해 수시로 대화를 나누고 퇴근 후에 짧은 시간이라도 아이와 몸을 부딪치며 애정표현을 한다면 효과적이다. 특히 퇴근 후 집에 돌아오고 나서 아이의 얼굴을 보는 15분 동안은 절대로 아이에게 등을 보이지 말아야 한다. 여기서 말하는 15분이라 함은 하루를 분으로 따졌을 때 1/100에 해당한다. 즉 하루 24시간을 분으로 환산하면 1,440분이다. 그 1,440분의 약 1/100에 해당되는 시간인 것이다. 하루의 99/100는 자신과 일에 투자를 했다면 1/100에 해당하는 15

분 정도는 자신이 가장 사랑하고 소중한 아이를 위해 투자를 하자.

하루 종일 떨어져 있다가 만나는 15분의 시간을 어떻게 보내는가에 따라 아이에게 미치는 영향은 매우 크다. 아이와 눈을 마주치고 아이에게 집중한다면 엄마의 빈자리는 금방 채워진다. 옷을 벗고 저녁을 차리는 일보다도 더 중요한 15분 동안의 아이와 눈 맞춤, 귀 맞춤만으로도 아이에게는 엄마와 떨어져 있었던 시간에 대한 보상이 된다. 아침에 헤어진 후 다시 만나는 15분 동안 아이와 눈을 맞추고 귀를 활짝 열어 아이의 얘기를 들어주는 것은 부랴부랴 저녁을 준비하는 것보다 훨씬 값진 투자이다. 잊지 말자, 퇴근 후 15분 동안은 무슨 일이 있어도 아이에게 등을 보이지 말자.

맞벌이 가정이라고 해도 충분히 자녀와 정서적 유대를 가질 수 있다.

평일에는 자녀와 긴 시간을 함께할 수는 없지만 주말을 이용해 아이와 함께하는 시간을 충분히 갖는다면 만족도가 올라간다. 최근 연구 결과 맞벌이 부부 자녀의 행복감이 더 높다고 한다. 그 이유로 엄마의 직장 내에서의 위치에 따라 아이들도 능력 있는 엄마를 자랑스럽게 생각하고 엄마를 롤모델로 삼는 경우도 주변에서 쉽게 찾아볼 수 있다. 또 다른 이유로는 맞벌이를 함으로써 상대적으로 경제적인 여유가 있어서 아이가 원하는 것을 손쉽게 얻을 수 있어 그런 경우도 있다.

하지만 이 또한 경계해야 한다. 죄책감에 대한 물질적 보상은 어떤 문제를 일으켜도 돈으로 다 해결할 수 있다는 그릇된 가치관을 심어줄 수 있기 때문이다. 최근 사회적으로도 그런 문제가 이슈가 되기도 하여 이른바 각종 갑질 사건들이 그 단적인 예이다.

아이와 함께하는 시간이 상대적으로 적은 경우에 대해 물질이나 금전으로 보상을 해 주기보다는 시간을 내서 아이가 원하는 놀이를 하며 놀아주거나 아이가 좋아하는 음식을 만들어 주거나 하는 등의 행동으로 보상을 해 주는 것이 좋다.

아이에게 "함께하지 못해 미안해."라는 말보다 "엄마는 널 아주 많이 사랑해."라는 말을 해 주는 것이 더 좋다는 것을 잊지 말라. 엄마의 감정은 아이에게 그대로 전달되기 때문에 어떤 경우라도 엄마가 행복해야 아이도 행복하다.

자녀가 엄마의 부재를 싫어하는 경우라면 오히려 더 당당한 모습을 보이는 것은 어떨까? 엄마의 직장에 아이를 초대하는 것도 좋은 방법이다. 엄마가 얼마나 열심히 자신의 일을 사랑하며 인정을 받는지를 알면 자녀도 엄마를 자랑스러워할 것이다.

그리고 기억해야 할 것은 자녀가 엄마의 손길을 필요로 하는 시간은 생각보다 길지 않다는 것이다. 어느 순간 아이들은 민들레 홀씨처럼 엄마 곁을 떠날 준비를 하고 바람이 불어오기만을 기다리고 있을 것이다. 내게는 그런 날이 평생 안 올 것 같지만 그런 날은 분명히 온다.

줄탁동시
(啐啄同時)

어미닭이 알을 품는 과정을 보면 눈물겹다. 어미닭은 달걀을 품기 위해 자신의 가슴 털을 뽑는다. 둥우리를 따뜻하게 만들기 위해서이기도 하지만 가슴 털을 뽑음으로 맨살을 드러내고 온전히 자신의 체온을 알에게 전해 알을 부화시키기 위한 온도로 만들기 위해서이다. 어미 닭이 알을 품고 있을 때는 주인일지라도 알을 건들지 못하게 털을 곤추세우며 부리로 위협을 한다. 알을 품는 중에도 한곳에만 체온이 전해져 알이 곯지 않도록 알을 이리저리 굴려가며 고루고루 체온을 전달한다. 너무 더울 때는 날개를 펴서 알을 식히기도 한다.

알을 품는 동안에 어미닭은 꼼짝하지 않는다. 퀭한 눈으로 애쓰는 어미닭이 안쓰러워 행여 굶을 새라 모이통을 앞에다 갖다 줘도 평소 모이를 주는 주인이 알을 빼 가거나 해칠까봐 부리로 쪼며 위협을 하기도 하고 먹이 따위는 아랑곳하지 않고 알을 품는다. 때때로 똥을 싸기 위해, 물을 먹거나 최소한의 모이를 먹기 위해 잠시 자리를 비울 뿐 그 외에는 알이 식지 않도록 온도 유지에 힘쓰며 꼼짝 않고 자리를 지키며 알을 품는다. 그런 눈물겨운 시간을 보내고 나면 어미닭은 털도 빠지고 제대로 먹지 못해 털에 윤기도 없고 초췌한 모습이다.

그렇게 21일이 되면 알 속에서 노른자를 먹이 삼아 자란 병아리가 세상 밖으로 나오기 위해 연약한 부리로 껍데기를 톡톡 쫀다. 이 행동을 '줄'이라고 한다. 그러면 어미닭은 그 소리를 듣고 밖에서 껍데기를 쪼아 병아리가 껍데기를 깨는 것을 도와주는데 이것을 '탁'이라고 한다. 따라서 '줄탁동시'란 줄과 탁이 동시에 일어나야 한 생명이 세상 밖으로 나온다는 것이다.

어미닭은 줄탁동시의 원리를 통해 병아리를 알에서 부화시킨다.

그러나 어미닭은 병아리가 껍데기를 쪼았을 때에만 약간의 도움을 주는 것이지 병아리가 껍데기를 쪼지 않을 때에는 절대로 대신 껍데기를 쪼아서 병아리를 부화시키지는 않는다. 어미닭이 껍데기를 쪼아서 병아리를 밖으로 끄집어내면 결국은 그 병아리는 얼마 살지 못하고 죽는다는 것을 알기 때문일 것이다.

우리는 조바심과 초조가 일을 그르치는 경우를 종종 볼 수 있다. 만약 어미 닭이 조바심과 초조함으로 성급하게 껍데기를 깬다면 그것은 병아리를 도와주는 것이 아니라 병아리를 죽이는 행동이 된다. 말 못 하는 짐승도 제 자식을 위하는 원리쯤은 배워서가 아니라 본능적으로 알고 있다.

때로는 부모들이 보기에 자녀가 믿음직스러운 행동을 하지 못하거나 잘못된 행동을 하는 경우도 있을 것이다. 하지만 그것은 걱정을 해야 할 일이 아니라 너무도 자연스러운 일이다. 왜냐면 그들은 아직 세상을 살아본 경험치가 그만큼 없기 때문이다. 또한 아직은 성장하는 중이며 발달하는 과정이기 때문에 여러모로 미성숙하기 마련이다.

그렇다고 부모가 조바심과 초조한 마음에 아이들을 믿지 못하고 알아서 다 해주려고 한다면 결국은 아이들의 올바른 성장을 위한다기보다는 아이들에게 의존성을 키워주는 결과를 낳게 될 것이다. 때로는 아이들의 사사로운 잘못을 일일이 지적하기보다는 큰 틀 안에서 가이드라인을 정해주고 믿고 기다리면 아이들은 가이드라인을 벗어났다가도 부모의 믿음을 알기 때문에 다시 그 안으로 돌아온다.

우리의 삶을 뒤돌아봐도 우리들도 그러하지 않았던가. 우리가 걸어온 그 길이 일직선으로 항상 바르고 올곧지만은 않았다. 우리도 길을 걸으면서 여기저기 기웃거리기도 하고 정도를 벗어나 옆길로 들어가 탐색해보기도 했다. 그러다 다시 제자리로 돌아와 걸어온 여정이었다.

물론 이렇게 얘기하면 세상의 모든 부모들은 그런 말을 할 것이다. 내가 해 봐서 알기 때문에 내 자식은 그런 비효율적인 시간을 보내지 않게 해 주고 싶다고. 내가 살아본 결과 지름길을 알게 되었고 빙 둘러서 가기보다 지름길로 가면 더 빠르기 때문에 지름길을 알려주고 싶은 조바심이 생겨서 그런 것이라고. 다 자식 잘되라고 잔소리를 하는 것이라고. 어느 부모가 자식이 잘되지 말라고 잔소리하겠느냐고.

맞다. 백 번 천 번 지당한 말씀이다. 하지만 우리는 어땠는가? 우리의 부모님들도 우리에게 똑같은 말을 했지만 우리 역시 그 말을 듣지 않았고 우리가 가고 싶은 대로 빙 둘러서 왔다. 부모의 잔소리가 지겨워 한 귀로 듣고 한 귀로 흘려버렸다. 흘려버리기만 했을까? 내가 알아서 할 테니 제발 나를 내버려 달라고 소리를 지르지는 않았을까? 우리의 아이들도 지금 우리가 걸어왔던 그 길을 가고 있는 것이다.

아이가 아장아장 걸음마를 할 때는 세상의 모든 물건들이 신기하다. 호기심 가득한 눈으로 이것저것을 탐색해 보는 시기이다. 아이는 경험이 없기 때문에 뜨거운 것도 만지려고 하고 뾰족하고 날카로운 것도 잡으려고 한다. 그럴 때 부모들은 어떤가? "이것은 뜨거워. 만지면 안 돼~!!!" 하고 소리친다.

하지만 백 번을 애기해도 아이는 경험해 본 적이 없어서 뜨거운 것이 어떤 것인지 잘 모른다. 단지 엄마가 소리를 치니 그 소리에 놀라 움츠러드는 것뿐이다. 하지만 정작 뜨거운 것의 느낌, 날카로운 것의 느낌은 모르고 넘어간다. 그러다가 어느 정도 자라서 날카로운 것에 찔려도 보고 손을 베여도 보고 해야 온전히 그 느낌을 알게 되는 것이다. 오히려 소리를 질러서 경험을 차단하기보다는 뜨겁지 않은 온도에 아이의 손을 살짝 갖다 대서 경험을 하도록 하라. 보드랍고 여린 살은 어른들이 체감하는 온도보다 훨씬 민감할 것이다. 그제야 아이는 뜨겁다는 것이 어떤 것인지를 알게 되고 다시는 뜨거운 것에 손을 대는 행동은 하지 않거나 최소한 조심하려고 할 것이다.

모든 경험치가 쌓여야 내 것이 되는 것이다. 남의 경험은 미루어 짐작은 할 수 있어도 진정한 내 경험이 될 수 없다.

병아리는 알을 깨고 나오기 위해 혼신의 힘을 다해 연약한 부리로 껍데기를 쪼지만 어미 닭은 단단한 부리로 한두 번만 두드려도 껍데기는 깨진다. 그것이 엄마의 힘이다.

부화를 하고나서도 병아리들은 체온 유지와 안전을 위해 어미닭의 품과 호기심 가득한 세상을 쉴 새 없이 들락거린다. 어미 닭은 여전히 둥지에 앉아 병아리들이 품 안을 자유롭게 들락거릴 수 있도록 양쪽 날개를 한껏 들어 올려 품을 넉넉히 하여 병아리가 언제든지 마음껏 드나들 수 있도록 한다.

이렇게 해라, 저렇게 해라, 이러면 안 된다, 저러면 안 된다 하고 24시간 졸졸 쫓아다니며 잔소리를 하는 것은 피차간에 괴롭고 힘들다. 부모는 아이가 시키는 것을 하지 않아서 괴롭고 아이는 부모의 잔소리를 듣는 것이 괴롭다. 결국 부모자녀의 사이는 더 멀어질 수밖에 없다. 그렇게 부모 자녀가 경계 없이 엉켜서 진흙탕에서 뒹구는 것이 아니라 자녀와 일정거리를 유지하면서도 민감성을 가지고 지켜보다가 엄마의 도움이 필요할 때, 자녀가 스스로 해결할 수 없는 일이 생겨서 엄마에게 손을 내밀 때, 그 손을 힘껏 잡아라. 엄마의 힘을 다해서~

줄탁동시, 병아리의 탄생과정 속 병아리와 어미닭의 관계에서 비롯된 말이지만 자녀교육에서도 적용할 수 있을 것이다. 혼자서 최선을 다한 자녀가 부모의 도움이 필요할 때 줄啄을 하면 부모는 민감하게 알아차리고 도움을 요청하는 자녀의 손을 잡고 탁啄을 하라. 동시同時에~ 그랬을 때 자녀의 성장과 발전이 이루어지고 부모와 자녀의 관계가 한층 성숙해질 것이다.

사례:
풀 메이크업은 부담스러워

　자유학기제 수업을 하기 위해 처음 교실에 들어갔을 때 반 아이들 중 유독 눈에 띄는 아이가 있었다. 뽀얀 얼굴에 인위적인 아치형 눈썹 아래로 갈색 계열 아이섀도를 그라데이션 하고, 뷰러로 한껏 끌어올린 속눈썹에는 마스카라가 발라져 있었다. 뽀얀 얼굴과 대조적인 붉은 입술까지 마치 가부키 인형 같은 모습은 한눈에 봐도 풀 메이크업을 하고 있었다. 수업 중에도 수업은 아랑곳하지 않고 거울을 이리저리 비춰본다. 머리카락을 귀 뒤로 넘겼다 내렸다 하며 이마를 덮은 머리카락을 만지작거리더니 뭐가 맘에 안 드는지 가위를 꺼내서 사각사각 머리카락을 다듬는다. 책상 위에 떨어진 머리카락을 입술을 내밀어 후~ 불어서 날린다. 서인이는 수업 내내 손에서 거울을 떼어 놓지 않고 있었다. 필통 대신 책상에 놓인 파우치를 봤더니 어지간한 연예인의 파우치보다 다양한 화장품들이 빼곡히 들어차 있었다. 쉬는 시간에 서인이에게 갔다.

"서인아, 와~ 선생님보다 화장품이 훨씬 더 많은데? 이거 사려면 돈 좀 들었겠는데. 이 새도 색깔 참 예쁘다."

"그쵸? 이거 신상이dp요. 내가 이걸 사기 위해서 얼마나 많은 돈을 투자했는데요. 선생님 잠깐 눈 좀 감아보세요. 이 새도 발라드릴게요."

"그래? 어디 기왕이면 예쁘게 발라봐."

나는 눈을 감고 서인이 옆에 앉았다. 서인이는 능숙한 솜씨로 나의 한쪽 눈에 아이새도를 바른다.

"선생님 눈 떠 보세요."

"응, 다 했어?"

"아니 다시 눈 감아 보세요… 다 했어요."

"선생님 눈 떠도 돼요. 여기 거울이요. 한번 보세요."

"오~ 선생님이 한 것보다는 훨씬 예쁘게 잘했는데. 이쪽 마저 해줘."

"헤헤. 네~!!!"

서인이는 자신의 실력을 인정받은 것 같아 매우 기분이 좋은지 조금 더 세심한 손길로 한쪽 눈에 마저 화장을 해 준다.

"다 됐어요. 선생님. 아까보다 예뻐요."

"그래, 어디 보자. 정말 아까보다 예뻐졌네. 서인이 손이 금손이네. 선생님 오늘 집에 바로 못 가겠는데 커피라도 마시고 가야겠다. 고마워. 서인이 엄마는 좋겠다. 서인이가 맨날 이렇게 엄마를 예쁘게 해줄 것 아냐."

"네?? 그럴 리가요. 우리 엄마가 알면 나는 다리몽둥이 부러져요. 우리 엄마가 얼마나 무서운 데요. 우리 엄마는 내가 이렇게 화장하고 다니는지도 몰라요."

"정말? 엄마 몰래 화장하고 다니는 게 가능해?"

"샘~ 장난해요? 왜 못 해요? 아침에는 학교 화장실에서 화장하고 틈틈이 수정메이크업하고요, 집에 들어갈 때는 마트 화장실에서 클린싱 티슈로 싹 지우고 집에 가요. 그리고 어차피 엄마는 직장에서 늦게 올 때가 많아 내가 화장한 모습을 볼 일도 별로 없어요."

이렇게 풀 메이크업을 하고 다니는 모습을 정작 엄마는 모른다는 사실이 놀라웠다. 교실에 들어가 보면 여학생들의 대다수가 화장을 하고 앉아 있다. 서인이처럼 화장을 능수능란하게 한 경우도 있지만 대부분의 아이들은 피부 톤에 어울리지 않는 화장을 한다. 과하게 그린 눈썹과 옅은 핑크색 틴트만 발라도 예쁘련만 흔히 얘기하는 쥐 잡아 먹은 것 같은 붉은 립스틱을 바른다. 아무것도 바르지 않아도, 꾸미지 않아도 젊음 그 자체로도 눈부시고 빛나는 우리 아이들이다. 모공이 쫀쫀하고 찹쌀떡처럼 탄력이 있을 때라 자외선 차단기능이 있는 BB크림만 얇게 발라도 예쁘다. 하지만 정작 본인들은 그걸 모르고 자꾸 어른들처럼 화장을 하려고 한다. 그러다 보니 조금만 발라도 과하게 보일 수밖에 없고 서투른 솜씨로 화장을 하니 어떻게 해도 두드러져 보일 수밖에 없다.

엄마들이 하소연하기를 집 앞에 있는 슈퍼에 콩나물 심부름만 보내도 풀 메이크업을 장착하고 옷을 고르느라 시간을 소비한다며 앓느니 죽고 말지 하는 심정으로 본인이 가게 된다고 한다. "자기가 무슨 연예인인 줄 알아요. 아무도 안 쳐다보는데 도대체 우리 아이가 왜 그럴까요? 야단을 쳐도 말을 안 들어요." 하고 하소연을 한다. 그러나 청소년기의 특수성에 대해서 설명하면 금방 수긍하며 이해를 하게 된다.

개인적 우화와 상상적 청중

청소년기는 7세경에 나타나는 자아중심성과는 조금 다른 의미의 자아중심성이 나타나는 시기이다. 청소년기의 자아중심성의 개념은 데이비드 엘킨드David Elkind(1967)가 제안한 개념이다. 피아제Piazet의 인지 발달 단계를 청소년에게 적용해 청소년기에만 두드러지게 나타나는 특수 행동에 대해 설명하고 있다.

엘킨드는 청소년기에 나타나는 독특한 개념을 개인적 우화Personal Fable와 상상적 청중Imaginary audience 두 가지로 정의했다. 먼저 개인적 우화는 아직 자아정체감이 제대로 형성되기 이전에 나타나며 자신은 특별하고 독특한 존재라고 생각한다. 자신의 감정이나 경험의 세계는 다른 사람과 근본적으로 다르다고 믿고 아무도 그런 자신을 이해하지 못한다고 생각하는 것이다. 자신이 세상의 중심이며 자신은 영원불멸하다고 믿는다.

물론 어른들이 보기에는 우스꽝스러운 생각이라고 치부하게 마련이다. 비현실적이고 상상에서 비롯한 지극히 개인적인 생각이라 개인적 우화라고 한다. 하지만 미성숙한 청소년들이 점차 성숙해지고 또래들과의 상호작용을 통해 나만 그런 것이 아니라는 것을 알게 되면서 개인적 우화는 점차 사라지게 된다.

그리고 또 한 가지 중요한 개념인 상상적 청중에 대해 엘킨드는 다음과 같이 정의했다. 상상적 청중이란 청소년의 과장된 자의식으로 인해 자신이 타인의 집중적인 관심의 대상이 되고 있다고 믿는 것이다. 마치 본인을 상상 속의 청중 앞 무대 위에서 스포트라이트 핀 조명을 받는 존재라고 생각하고 행동하는 것이다. 모든 사람들

청소년기에는 타인의 시선에 관심이 높으며 외모를 꾸미는 현상으로 나타나곤 한다.

이 자기를 주목하고 열광하고 갈채를 보낸다고 생각한다. 심지어는 자신의 모습에 환호하며 골프장의 갤러리처럼 자기를 따라다닌다고 생각한다. 그래서 상상 속의 청중들을 위해 요란한 옷차림과 행동으로 주목을 끌려고 하며 상상 속의 청중들에게 잘 보이기 위해 애를 쓰는 것이다.

또한 다른 사람을 지나치게 의식해 정작 다른 사람들은 전혀 눈치채지도 못할 작은 실수를 확대해석 하며 괴로워한다. 얼굴에 난 여드름을 감추기 위해 앞이 보일까 싶게 온 머리를 끌어내려 가린다. 사소한 조언이나 충고에도 민감하게 반응하고 분노의 감정을 표출한다. 연구에 의하면 중학교 2학년 때 이런 증상이 절정에 달하며 이후 차차 감소한다고 한다. 중2병이라는 말이 그저 나온 말이 아닌 것이다.

개인적 우화나 상상적 청중은 청소년들에게 있어서 매우 보편적인 생각이며 내 자식만 그런 것이 아니라 그 나이대의 모든 청소년들이 겪는 현상이다. 하지만 연구 결과에도 나타났듯이 사회적 상호작용을 통해 타인의 관심사와 경험을 이해하게 되면서 자연스럽게 사라진다. 그리고 시간이 지나 먼 훗날에 자신을 뒤돌아봤을 때 자신의 행동들에 대해서 민망함에 이불 킥을 하고 싶어질 것이다.

자녀의 이런 발달과정에서의 특징을 잘 알고 나면 자녀를 이해할 수 있을 것이다. 그리고 그맘때의 내 모습을 뒤돌아본다면 정도의 차이는 있겠지만 우리도 그 시기를 거쳐서 오늘의 내가 된 것이다. 우리 모두 잠시 눈을 감고 나의 중학교 시절로 돌아가 보자. '나도 그런 적이 있었지.' 하며 슬며시 미소가 지어지지 않는가?

어차피 성장과정에서 겪게 되는 과정이니 무조건 자녀들을 꾸짖고 말릴 것이 아니라 자녀들과 대화를 하면서 나의 지난 시절의 상상적 청중의 한 예를 들어 얘기해 보자. 엄마도 그런 과정을 거쳤고 자녀도 그런 과정을 거치고 있다는 것이 공감이 되면서 보다 더 친밀해질 수 있을 것이다. 그렇게 친밀감을 형성하고 자녀가 마음의 문을 열게 되면 부모의 눈에 비치는 자녀의 모습을 객관화시켜 그대로 자녀에게 미러링 해준다. 부모를 통해 객관화된 자신의 모습을 보게 되면 아이는 조금 더 빨리 상상 속의 청중의 시기를 통과하게 될 것이다.

아이들은 용돈을 쪼개서 화장품을 사느라 대부분 로드숍을 이용하거나 저렴한 화장품을 구매하는 경우가 많다. 그러다 보니 보드랍고 여린 피부가 자극을 받아 피부 부작용을 경험할 수 있다. 만약 내 자녀가 화장을 하기 시작했다면 주의 깊게 지켜 볼 필요가 있다. 멋진 엄마가 되고 싶다면 이때 엄마도 비싸서 못 사는 유명 브랜드의 립스틱 하나, 아이섀도 하나쯤 눈 꼭 감고 선물해 주자. 작은 선물 하나가 아이들의 마음을 여는 열쇠가 될 것이고 엄마와 딸 사이의 변화가 시작될 것이다.

고슴도치 딜레마와
거리두기

심리학 용어 중에 고슴도치 딜레마Hedgehog's dilemma라는 것이 있다. 19세기 독일의 철학자 쇼펜하우어Arthur Schopenhauer의 에세이집인 『소품과 단편집』에서 유래한 말로 인간의 독립성과 상대와의 일체감 사이에서 나타나는 갈등과 딜레마를 표현한 말이다. 철학자인 쇼펜하우어가 제시하였으므로 철학에서 유래했다고 할 수 있으나 이를 심리학자인 프로이트가 『집단 심리학과 자아의 분석Group Psychology and the Analysis of the Ego』에서 인용하며 널리 알려지게 되었다. 쇼펜하우어의 소품과 단편집에 실려 있는 고슴도치 딜레마에 관한 내용을 보면 다음과 같다.

어느 추운 겨울날 혹독한 추위에 떨고 있던 고슴도치 두 마리가 있었다. 그들은 추위와 사투를 벌이고 있었다. 그러다가 서로 몸을 기대면 상대방의 온기가 더해져 추위를 견딜 수 있지 있을까 하는 생각을 했다. 그래서 둘은 서로의 온기를 나눌 수 있도록 가까운 거리로 접근을 시도했다. 그러나 두 마리의 고슴도치는 상대방에게 가까이 갈수록 서로의 온기를 나누기는커녕 상대의 가시에 찔리게 되어 상처가 생겨 아프고 고통스러웠다. 그래서 그들은 어쩔 수 없이 다시 떨어져 추위에 떨고 있을 수밖에 없었다. 하지만 가시로 찔리는 고통보다 더한 추위 때문에 견딜 수 없게 되자 그들은 다시 가까이 갔고 그러면 서로에게 상처를 줘서 다시 떨어지고 이렇게 하기를 수없이 반복했다.

그러다 결국 서로에게 상처를 주지도 않고 추위를 참고 견디기에도 알맞은 거리를 알게 되었다. 그들은 그만큼의 거리를 유지하면서 추위를 견뎌낼 수 있었다.

고슴도치 딜레마는 개인 간에 필요한 정서적 거리를 이야기한다.

이처럼 너무 가까워지면 서로의 날카로운 가시에 찔리게 되고, 그렇다고 너무 멀리 떨어지면 서로의 따뜻한 온기를 나누지 못해 추위에 떨어야 하기 때문에 이러지도 저러지도 못하는 딜레마에 빠지게 되는 상황을 고슴도치 딜레마Hedgehog's dilemma라고 한다. 모든 인간관계에서 가까이 다가갈 수도 없고 그렇다고 떨어질 수도 없는 곤란한 상황을 설명할 때 우리가 흔히 사용하는 심리학 용어가 고슴도치 딜레마인 것이다.

그런데 이 고슴도치 딜레마를 가장 잘 설명해주는 관계가 바로 부모 자식의 관계이다. 우리는 흔히 자식이란 눈에 넣어도 아프지 않다고 한다. 우리 속담 중에 "고슴도치도 제 자식은 함함하다."라는 속담이 있다. 이 속담의 뜻은 털이 날카롭게 뾰족뾰족 나 있어서 자칫 찔리면 아프고 상처를 주는 고슴도치이지만 고슴도치 부모 눈에는 자식의 뾰족한 가시가 마냥 보드랍고 반지르르하다고 느낀다는 것이다. 부모의 눈에는 자녀의 어떤 흠도 좋아 보인다는 말이니 그야말로 평생 벗겨지지 않는 콩깍지가 껴 있는 것이다. 그러나 실상은 어떤가? 자녀의 날카롭고 뾰족한 털도 보드랍게 느껴지지만 느낌과는 별개로 부모도 그 뾰족한 가시에 찔리는 것이 사실이다.

또한 우리 속담에 '예쁜 자식은 매를 한 대 더 때리고 미운 자식은 밥을 한 그릇 더 준다.'고 했다. 부모 된 심정으로는 예쁜 자식에게는 맛있는 반찬에 밥을 그득 담아서 떡 벌어지게 한 상 차려 주고, 미운 자식은 먹던 밥그릇도 뺏어버리고 싶은 게 인지상정일 것이다. 그러나 우리 선조들은 그렇게 하면 안 된다는 것을 오랜 경험으로 알고 있었던 것이다. 이 속담에 담겨 있는 깊은 뜻은 밥을 많이 먹으면 배가 부르고, 배부르고 등 따시면 눕고 싶고, 누우면 포만감에 손가락 하나 까딱하기 싫어져 아무것도 하기 싫어지고, 그 다음은 눈꺼풀끼리 저절로 붙게 마련이어서 자고 싶어진다. 그러자니 자연히 게을러지고 게으르면 가난하게 살게 되는 것은 불 보듯 뻔하다는 것이다. 또 배움에 있는 자녀는 배부르면 졸려서 공부하기 싫고 그래서 배운 것이 없으니 머리가 멍청해진다고 선조들은 생각했다. 그래서 귀한 자식일수록 회초리를 들어 엄하게 키워야 세상의 도리를 알아 훌륭한 사람이 될 수 있다는 생각을 했다.

물론 현대사회에서는 어떤 경우라도 체벌은 금지하고 있다. 하지만 잘못을 했을 때는 그에 따른 결과에 대한 책임을 져야 한다는 것은 분명하게 가르칠 필요가 있다.

요즘은 예전과 다르게 자녀를 많이 낳아야 한두 명이다. 그러니 그 자식이 얼마나 귀하고 예쁜가? 눈에 넣어도 아프지 않을 자식을 위해서라면 뭐든지 다 해 주고 싶은 것이 부모의 마음이다. 많은 부모들이 자식을 위한다는 명분으로 영유아기, 아동기를 넘어 사춘기 자녀에게까지 경계 없이 너무 가까이 다가가고, 자식 잘되라고 이런저런 충고나 조언을 일삼는다. 하지만 이는 자식을 위하는 것이 아니라 고슴도치처럼 오히려 서로의 가시에 찔려 상처를 입고 멀어질 수 있다.

자녀가 사춘기가 되면 부모와의 적당한 거리가 반드시 필요하다. 청소년기는 발달과정상 부모보다는 또래 친구를 중요하게 생각하기 마련이다. 부모 입장에서는 서운할 수도 있겠지만 대다수 청소년들은 고민이 있으면 부모보다는 친구와 의논한다는 연구결과가 있다.

생각을 해보자, 우리도 그때는 그런 과정을 거쳐서 이 자리에 있다. 단지 나는 안 그랬었던 것처럼 지난 일을 잊고 살았을 뿐이다. 지나고 보면 과거는 아름다운 법이다. 분명히 우리도 그때는 "엄마가 내 맘을 뭘 알아."라고 생각하며 부모보다는 친구와 의논하고 끼리끼리 어울려 돌아다녔다. 나와 비슷한 고민을 하고 있는 친구에게 고민을 털어놓고 의논했던 일들이 새록새록 떠오를 것이다.

질풍노도의 시기를 거쳐 온 부모 입장에서는 자녀가 지금 하고 있는 그 고민은 아무것도 아닌 것을 잘 안다. 그래서 자녀가 하고 있는 지금 당장의 고민은 별것 아닌 것으로 치부하기 마련이다. 지나고 보면 아무것도 아닌 하찮은 고민일 뿐인데 지금은 그런 고민 따위가 중요한 것이 아니라 학생이면 학생답게 공부를 해야 한다고 생각한다. 공부를 잘해야 좋은 대학을 가고, 좋은 대학을 졸업해야 좋은 직장에 갈 수 있고, 좋은 직장을 다니고 높은 연봉을 받아야 결혼도 손쉽게 할 수 있다는 것을 경험으로 안다. 그렇기 때문에 지금의 고민은 시간이 흐르면 자연히 해결될 것이므로 그 이후의 앞날에 대해 얘기해 주기 십상이다.

하지만 내 자녀는 지금의 그 고민이 여태껏 살아온 인생 중에서 가장 중요하고 가장 어려운 일이다. 그 고민을 해결하는 것이 일생일대의 중요한 일인 것이다. 그러다 보니 부모의 입에서 나오는 말은 잔소리일 게 뻔하고, 세대가 달라 우리의 고민을 부모는 알지 못한다고 생각한다. 그렇기 때문에 비슷한 고민을 하고 있는 친구에게 고민을 털어놓고 의논을 하는 것이다.

부모들은 결코 그것을 서운해할 것이 아니라 오히려 '이제는 부모가 필요 없다고 생각할 만큼 다 컸구나.'라고 생각하며 대견해해야 할 일이다. 그리고 평소에 자녀가 고민을 털어놓고 얘기를 할 수 있도록 분위기를 조성해주는 것이 중요하다. 비록 부모가 보기에는 우습고 하찮은 고민일지라도 자녀의 입장에서는 여태껏 살아오면서 겪어보지 못한 가장 어려운 일을 만난 것이다. 만약 부모의 잣대로 판단하고 평가하여 충고나 조언을 하는 순간 자녀는 꽉 다문 조개처럼 다시는 입을 열지 않을 것이다. 아이의 얘기를 들어주는 것만으로도 아이에게는 힘이 되며 거기에 더해 세 마디를 보탠다면 가장 훌륭한 부모이자 상담가가 될 수 있다. 아이가 얘기를 하는 동안에 "정말?", "헐~", "대박!" 이 세 단어만 적절히 써준다면 말이다. 예를 한 번 들어보자.

"엄마, 내 친구 지아 있잖아, 걔 엄마랑 싸우고 집 나왔대."

"정말?"

"응, 그래서 갈 데가 없어서 찜질방에서 잤대."

"헐~!!! 힘들었을 것 같은데."

"맞아. 불편하고 불안해서 잠을 못 자고 학교에 왔는데 눈이 충혈됐더라. 그러면서 가출한 걸 후회하는 것 같더라고. 그런데 지아 엄마가 오늘 학교로 찾아와서 조퇴시켰거든. 그래서 나는 지아가 엄마한테 엄청 혼날 줄 알았어. 근데 엄마랑 둘이 놀이공원 갔대. 그래서 스트레스가 다 풀리고 엄마랑 화해했대."

"지아 엄마 대박이다."

"그치? 지아 아줌마 대박이지? 엄마 같았으면 어땠을까?"

위와 같이 정말, 헐, 대박이라는 세 단어를 위치를 바꿔 아무데나 넣어도, 추임새 세 단어만으로도 충분히 공감해주면서 대화를 이끌어 갈 수 있고 자녀에게 많은 얘기를 유도할 수 있다.

운전을 하다 보면 안전운전을 위해 도로에는 각종 선이 그려져 있다. 그중에 대표적으로 실선과 점선이 있다. 실선은 차선 변경이 안 되며 점선은 차선 변경이 된다. 즉 위험하고 사고가 날 수 있는 곳은 실선으로 되어 있고 비교적 자유롭게 차선 변경이 가능한 곳은 점선으로 되어 있다. 이와 마찬가지로 부모와 자식 간에도 이 규칙은 적용될 수 있다.

자녀가 어렸을 때는 자생 능력이 없으므로 절대적으로 부모의 보호와 돌봄이 필요하다. 부모는 견고한 이중실선으로 울타리를 쳐 위험으로부터 자녀를 보호해야 한다. 하지만 자녀가 자라면서 실선으로 바뀌고 청소년이 되면 점선으로 바뀌어야 한다. 세상과 부모 사이를 유연하게 왔다 갔다 할 수 있도록 자녀와의 경계선을 점선으로 바꿔야 하는 것이다. 가정을 안전기지로 삼아 자녀가 세상과 소통하며 들락날락할 수 있도록 선의 군데군데를 비워 놓고 아이가 언제든지 필요에 의해 세상으로 나갔다가 부모가 필요하면 다시 들어올 수 있도록 하는 것이 건강한 부모자녀의 관계이다.

우스갯소리로 "아이들이 엄마에게 가장 듣고 싶은 말이 무엇일까요?"라는 질문을 엄마들에게 하면 대다수의 엄마들은 "최신형 스마트 폰 사 줄게.", 혹은 "용돈 줄게.", "네가 좋아하는 음식 해 놨다." 라고 대답하지만 천만의 말씀이다. 아이들이 엄마에게 가장 듣고 싶어 하는 말은 "엄마 나갔다 올게."이다. 이 말은 초, 중, 고등학생 모두에게 해당되는 말이다.

이와 같이 아이들은 벌써 엄마와의 거리두기가 시작되었는데 엄마만이 그것을 인정하지 않는다는 것에서 문제가 시작되는 것이다. 가족치료 전문가인 미뉴친S. Minuchin은 지나치게 밀착된 가족은 병리적이고 역기능적인 문제를 일으킨다고 했다. 자녀가 어렸을 때는 경계가 애매하고 밀착된 경우가 많다. 당연히 아이들을 보호해야 하는 주양육자 입장이기 때문에 그렇게 해야 한다. 하지만 자녀가 성장함에 따라 밀착된 상태에서 명료한 단계로 넘어가야 한다. 그러나 그렇게 하지 못하고 부모 자식 간에 경계가 없이 어우러져 한 덩어리가 되었을 때, 자녀의 성역을 허락 없이 넘나들 때, 세상과의 경계를 빈틈없이 꽉 메웠을 때 모든 부적응적인 문제가 발생한다. 적당한 심리적 거리, 물리적 거리야말로 자녀들과 엄마와의 관계를 오히려 좋게 하며 건강한 관계이다.

고슴도치 딜레마를 기억하라. 자식이 예쁠수록 거리를 두고 지켜봐야 한다. 단 자녀가 부모의 도움이 필요할 때는 손만 뻗으면 닿을 수 있는 거리에 있어야 한다.

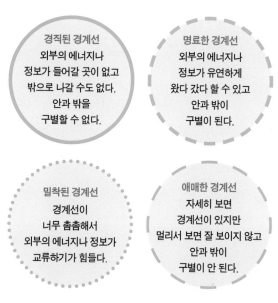

부모와 자녀 간에도 적절한 경계선이 필요하다.

엄마는
아무것도 몰라요

PART 10

자아정체성의
중요성

청소년기 자아정체성의 중요성은
아무리 강조해도 모자람이 없다

발달학적으로 인간의 성장은 부모의 도움이 없이는 아무것도 할 수없는 의존적인 상태에서 궁극적으로는 부모의 도움 없이 독립적으로 살아가는 상태로 변화하는 것을 의미한다. 또한 그 과정에서 환경적으로는 가정에서 가족과 지내다 취학을 하여 학교로, 졸업 후에는 학교에서 사회로 진출함으로써 점점 생활반경이 확장되고 대인관계의 폭도 넓어진다. 인간은 탄생부터 죽음까지 전 생애를 통해 끊임없이 성장하고 발달하는 존재이다.

발달심리학자 에릭슨Erik H. Erikson은 사회적 요인에 따라 자아가 기능하고 발달한다고 보고 그것을 심리사회적 발달이라고 하였다. 에릭슨은 인생 전반에 걸쳐 이루어지는 자아의 발달을 연령에 따라 8단계로 구분했다. 그중 에릭슨이 가장 중요하게 생각한 단계를 청소년기의 발달이라고 했다. 에릭슨이 구분하는 청소년기의 연령은 12세에서 18세까지를 이른다.

실질적으로도 청소년기에는 많은 변화가 있다. 급격한 신체 성장으로 인해 외모와 이성에 대해 눈을 뜨게 되고 이 시기에는 감정의 변화가 심하며 충동적이고 미성숙하다. 그리고 매우 불안정한 정서 상태를 보이는데 정서적으로 불안한 이유는 여러 가지가 있지만 대표적으로 두 가지를 들 수 있다. 바로 신체적인 불안과 심리적인 불안이다.

먼저 신체적으로는 호르몬 변화를 꼽을 수가 있다. 청소년기에 남학생들은 테스토스테론이라는 호르몬이 분비된다. 테스토스테론은 공격성과 충동성에 영향을 미친다. 테스토스테론의 혈중농도가 높아지면 성욕이 높아지고 성충동을 강하게 느낄 수 있다. 그래서 남학생들의 대다수가 자위행위를 통해서 성충동을 해소한다. 여학생들의 경우에는 에스트로겐과 프로게스테론이라는 호르몬이 왕성하게 분비된다. 두 호르몬은 생리와 관련이 있으며 생리를 할 때에는 에스트로겐과 프로게스테론의 분비가 줄어들면서 적대감과 공격성이 나타나며 우울감을 느낀다.

2차 성징이 나타나게 되는 청소년은 자신의 신체 변화를 또래들과 비교하면서 지나치게 걱정하거나 불안해한다. 또한 급격한 신체 발달로 스트레스를 받으며 심리적인 충격을 느끼기도 하고 외모에 대한 관심이 증가하면서 대부분의 청소년들은 자신의 신체에 대해 불만을 갖는 경우가 많다. 이처럼 성장호르몬 및 성호르몬의 변화로 인해 신체적인 불안감을 느끼게 되는 것이다.

두 번째 심리적 불안은 부모에게 의존하고 싶은 마음과 독립하고 싶은 마음이 끊임없이 내부에서 충돌하게 되므로 정서적으로 불안정한 상태가 될 수밖에 없다는 점이다. 그러나 발달과정상 부모의 간섭으로부터 독립하려는 마음이 더 강하다. 아기가 태어나서 보통 생후 6~7개월이면 엄마젖만으로는 영양이 부족하기 때문에 다른 음식으로 영양을 보충하게 되는데 이 시기를 이유기라고 한다. 그런데 청소년기에 다시 한 번 이유기가 찾아오게 되는데 청소년기는 부모로부터 독립하려는 마음이 있기 때문에 이를 심리적 이유기라고 한다. 이 시기에는 아동도 아니고 성인도 아닌 어정쩡한 상황에서 어디에도 속하지 못한 주변인이라는 생각을 하게 됨으로써 갈등과 불안감이 증가할 수밖에 없다.

청소년기에는 부모보다는 또래 친구들의 영향력이 훨씬 중요하고 크다고 생각한다.

부모로부터 심리적인 독립을 하고 싶은 청소년들은 같은 상황을 겪고 있는 친구들을 만나면서 서로에게 동질감을 느끼며 가까워진다. 부모로부터 받았던 안정감이 또래 친구에게로 옮겨 가는 것이다. 따라서 부모들은 자녀가 부모보다는 친구와 고민을 의논하고 친구에게 의존하는 것을 서운하게 생각해서는 안 된다. 오히려 "발달과정상 이맘때 해야 할 과정을 빠뜨리지 않고 순서대로 하고 있구나. 참 다행이다." 하고 대견하게 생각해야 한다.

사실 이 시기의 청소년은 부모가 어떻게 해도 부모를 비판하게 되어 있다. 왜냐하면 위에서 언급했던 충동성, 불안정성, 미성숙함 때문이다. 그러므로 부모들은 "어디 감히 부모에게 대들어. 어디서 배워먹은 버릇이야, 내가 너를 그렇게 가르쳤어? 여태껏 입혀 주고 먹여 주고 돈 들여 학교 보냈더니 학교에서 그렇게 가르쳤어? 너도 딱 너 닮은 자식 낳아서 키워봐." 하며 가시 돋친 말로 나무랄 것이 아니라 내 아이가 이만큼 컸다는 것을 인정해야 한다. 부모들은 자식들이 이러한 과정을 거치면서 미성숙하던 것이 성숙해지고 불안정했던 정서가 안정적으로 바뀌어서 부모에게 돌아온다는 사실을 믿고 기다려야 한다.

이렇게 신체적으로 정서적으로 행동적으로 부대낌을 겪는 청소년기에 이들에게는 가장 중요한 과업이 시작되고 있다. 이때부터 '나는 누구인가?'라는 생각을 하며 자기 자신에 대한 고민이 많아지는 시기이다. 바로 자아정체감을 찾아야 하는 중대과업에 돌입해야 하는 것이다.

프로이트의 심리성적 발달 단계에 따르면 5~6세 시기를 남근기라 하여 아이들은 본인과 반대 되는 성의 부모에게 애정을 느끼게 된다. 즉 남아들은 엄마에게 사랑을 느끼고 여아들은 아빠에게 사랑을 느끼게 되는 것이다. 이 과정에서 나온 심리학 용어가 그리스 신화에서 따온 오이디푸스 콤플렉스와 엘렉트라 콤플렉스이다.

남아의 경우 이성인 어머니에게 사랑의 감정을 느끼면서 동성의 아버지가 자신을 거세할지도 모른다는 불안을 느끼는 것을 오이디푸스 콤플렉스라고 한다. 남아들은 오이디푸스 콤플렉스를 해결하기 위해 자기 자신을 동성 부모와 동일시하게 된다. 거세를 당할지도 모르고 자신의 생명까지도 위협받는 불안한 상황에서 자신의 생사여탈을 쥐고 있는 아버지와 자신을 동일시함으로써 자신도 그러한 권한을 가진 것처럼 느끼고자 하는 무의식적인 생각이 자리한 것이다.

반면에 여아들은 아빠에게 사랑을 느끼며 엄마를 질투하게 된다. 하지만 아직은 엄마에게 대항할 힘이 없기 때문에 엄마에게 잘 보여야 하고 이 과정에서 엄마와 자신을 동일시하는 것을 엘렉트라 콤플렉스라 한다. 그래서 어렸을 때 남아들은 아빠가 하는 것을 흉내 내고 여아들은 엄마의 구두를 신어보고 엄마의 화장품을 발라보는 등 엄마를 흉내 내는 것이라는 주장을 프로이트는 했다. 하지만 현대에 와서 이런 프로이트의 이론은 많은 학자들로부터 비판을 받고 있다.

이와 반대로 부정적인 동일시를 경험하는 경우도 있다. 5~6세 아이들이 부모와 동일시를 하려는 것과는 다르게 청소년기의 자녀들은 나는 부모님처럼 살지 않겠다는 생각을 하는 경우가 있다. 부모가 하지 말라는 것만 골라 하고 매사에 부모의 말에 쌍심지를 켜고 반발을 하는 것이다.

이런 경우에는 부모를 롤모델로 삼는 것이 아니라 부모가 아닌 다른 대상을 찾아야 한다. 그러나 롤모델을 찾는 것이 생각만큼 쉬운 일이 아니기 때문에 많은 시행착오를 겪으며 방황을 하게 된다. 자신의 정체성을 찾아가는 과정은 험난하기만 하다. 부모를 대신하여 연예인이나 스포츠 스타, 유튜브 크리에이터 등이 롤모델이 되기도 하고 또래 친구들 중에서 멋있어 보이는 친구들과 자신을 동일시하는 현상도 일어난다. 유유상종이 될 수밖에 없기 때문에 이 시기에 또래들과의 만남이 중요한 이유도 바로 여기에 있다. 자녀가 부모를 롤모델로 삼으며 닮고 싶다는 말을 들었다면 어쩌면 부모로서 들을 수 있는 최고의 찬사일지도 모른다.

자녀들이 자아정체감을 찾아가는 것이 가장 중요한 청소년 시기에 우리 사회는 아이들을 공부와 그에 따른 결과물인 성적으로 줄 세우기를 하고 있는 것이 현실이다.

내가 누구인지를 알아가는 자아정체감은 나 혼자서는 절대로 만들어 갈 수가 없다. 나와 타인을 비교하는 과정이 필수이며 그 과정에서 "나는 누구인가?"를 알아가는 것이다. 나는 너하고 뭐가 같고 뭐가 다른가? 내가 잘하는 것과 네가 잘하는 것이 무엇인가? 내가 하고 싶은 것은 무엇인가? 등 끊임없이 다른 사람과 나를 비교하면서 나를 찾아가고 나를 정립해야 한다.

그런데 현실은 비교할 수 있는 친구들이 모두 공부에만 매달려 있기 때문에 주변에 비교 대상을 찾을 수가 없다. 친구들을 만나려면 학원을 가야 하는데 학원에서는 모두 선생님만 쳐다보고 있고 수업이 끝나면 다시 다른 학원을 전전한다. 그리고 요즘은 인터넷 강의를 통한 개인적인 수업도 많기 때문에 비교할 수 있는 대상을 찾는 것조차 어려운 상황이다.

그러니 나를 찾아가는 과정이 혼란스럽고 자아정체감을 찾기가 점점 어려워지고 있다. 그러다 보니 직접 만나볼 수는 없지만 접하기 쉽고 나와 떼어놓을 수 없는 스마트폰 안에 있는 스타들, 유튜브 크리에이터 등을 롤모델로 삼을 수밖에 없는 것이다.

이렇게 중요한 자아정체감을 찾을 수 있는 가장 손쉬운 방법은 부모들이 자녀의 롤모델 역할을 해주면서 자아정체감을 찾을 수 있게 해주는 것이지만 현실적으로 그것이 어렵다면 부모가 롤모델이 될 수 있는 대상을 만들어 줘야 한다.

가장 좋은 방법으로는 초등학교 때부터 위인전을 많이 읽게 해 주는 것이다. 정보를 알기 위해 읽는 책이나 좋아하는 분야에 관한 전문서적과는 달리 위인전은 위인들이 살아온 삶의 일대기를 알 수 있다. 또한 위인이 되기까지는 결코 순탄한 과정만 있는 것은 아니다. 위인이 살아오는 과정 중에 겪게 되는 다양한 역경을 통해 어떻게 문제를 해결해 나가는지를 알 수 있다. 아이들은 위인전을 읽으면서 자연스럽게 문제 해결 능력을 배울 수 있는 것이다. 따라서 위인전은 살아가는 데 있어 교과서에서는 가르쳐 주지 않는 중요한 삶의 교과서이다. 롤모델을 찾을 수 있고 문제 해결의 능력을 배울 수 있기 때문에 될 수 있으면 아이들이 어릴 때부터 읽히는 것이 중요하다.

앞에서 언급한 바와 같이 발달학자 에릭슨은 청소년 시기의 자아정체감 형성이 인생 전체의 발달과업 중 무엇보다도 중요하다고 했다. 그만큼 자신과 타인에 대한 지각을 알 수 있고 그에 따른 대처 능력을 키울 수 있기 때문이다. 청소년 시기에 자아정체감 획득이 되지 않으면 진정한 자아 찾기에 실패하고 삶에 대한 주체성을 찾기가 힘들어진다. 또한 청소년기 이후의 시기에 획득해야 할 과업에 지장을 받게 된다. 각 단계에 맞는 적절한 과업을 달성하는 것이 중요하기 때문에 청소년 자녀를 둔 부모님이라면 내 아이가 시기에 맞게 발달을 할 수 있도록 도움을 줘야 할 것이다.

그렇다면 자녀들만 발달단계가 있고 각 단계마다 이루어야 할 과업이 있는가? 그렇지 않다. 부모도 발달단계가 있다고 발달심리학자 엘렌 갈린스키Ellen Galinsky는 주장했다. 갈린스키는 남녀가 만나 결혼을 하여 임신과 출산을 하고 자녀가 점점 자라서 부모의 곁을 떠나서 독립을 할 때까지의 단계를 6단계로 나누었다. 각 단계마다 이루어야 할 과업도 있다. 하지만 분명한 것은 부모가 되는 것은 연습을 할 수가 없으며 연습을 한다고 해도 적용을 하기가 어렵다는 것이다.

우리의 경험으로도 아이가 둘 이상이 되면 큰아이와 작은아이는 분명히 다르다. 기질도 다르고 성격도 다르고 부모와 반응해서 나타나는 행동의 결과도 다르다. 그래서 예부터 자식은 한 배에서 태어났지만 제각각이고 아롱이다롱이라고 했다. 이렇듯 연습을 할 수가 없는 부모 됨은 자식이 성장함에 따라 부모도 함께 성장해야 한다. 자식은 무럭무럭 성장하는데 부모는 제자리에 머물러 있으면 안 되는 것이다. 자식과 부모가 함께 성장하는 것이 성숙한 부모자녀 관계이다. 자녀가 성장함에 따라 나도 부모로서 성장할 준비가 되어 있는지 생각해봐야 한다.

에릭슨의 심리사회적 발달단계와
프로이트의 성적 발달단계

심리 사회적 위기	시기	쟁점	자아 특질	병리	주된 대상	심리성적 발달 단계
신뢰감 대 불신감	영아기 (출생~18개월)	희망과 자신감이 생긴다.	희망	위축	어머니	구강기
자율성 대 수치심	유아기 (18개월~3세)	의지가 생긴다.	의지	강박 행동	부모	항문기
주도성 대 죄의식	학령전기 (3~6세)	목표, 도덕적 개념이 생기고 초자아가 가장 많이 형성된다.	목적	억제	가족	남근기
근면성 대 열등감	학령기 (6~12세)	학습과 행동 강화 능력이 생긴다.	능력	무력	이웃, 학교	잠복기
자아정체감 형성 대 자아정체감 혼란	청소년기 (12~22세)	주체성이 생기고 허무, 무력감이 생겨 일탈행위로 발전하기도 한다.	성실	거부	또래 집단	생식기
친밀감 대 고립감	청년기 (22~35세)	사랑할 수 있는 능력이 생긴다.	사랑	배척	우정, 경쟁 대상자	
생산성 대 침체감	장년기 (35~65세)	부양 의무가 있다.	배려	거절	직장, 확대 가족	
자아통합 대 절망감	노년기 (65세 이후)	지혜가 생긴다.	지혜	경멸	인류, 동족	

갈린스키의 부모 발달 6단계

단계	명칭	시기	부모의 과업
첫 번째 단계	이미지 형성기	아이의 탄생 전까지	부모로서의 이미지를 형성
두 번째 단계	양육기	자녀 출생 후 만 2세까지	애착관계 형성
세 번째 단계	권위 형성기	만 2세~5세	부모로서 책임감과 자녀를 잘 다스릴 수 있도록 권위를 가져야 한다.
네 번째 단계	설명하는 시기	초등학생 시기	정보 제공자, 세상과 사물의 이치를 설명해 주는 설명자 역할을 한다.
다섯 번째 단계	상호 의존기	청소년기	허용과 통제 등 새로운 해결책과 권위를 형성한다.
여섯 번째 단계	떠나보내는 시기	청년기	인생의 선배로서 여러 가지 어려움에 현명하게 대처할 수 있도록 상담과 조언을 해 준다.

이 책을 출판하려고 마음먹은 이유 중 하나는 지금 알고 있는 것들을 내 아이들을 키울 당시 알았더라면 조금 더 너그러운 마음으로 믿고 기다려줬을 텐데 하는 후회를 자주 하기 때문이다. 만약 그랬다면 우리 아이들은 어떤 모습으로 성장했을까? 삶에 있어 성립할 수 없는 '만약'이라는 생각을 가끔 해본다. 나를 포함하여 부모가 되는 것을 배워 본 적이 없는 많은 초보 부모들이 나처럼 뒤늦게 후회하지 않길 바라는 마음에서 반성문을 쓰는 심정으로 글을 쓰게 되었다.

아이와 좋은 관계를 유지하기 위해서는 우스갯소리로 내 아이를 옆집 아이려니 생각하라는 말이 있다. 우리들은 옆집 아이가 공부를 잘하든 못하든 전혀 상관이 없다. 그 아이의 꿈이 무엇인지, 장래희망이 무엇인지 당최 관심이 없다. 그리고 그 아이가 어떤 잘못을 하거나 말거나 그 아이에게는 물론이거니와 그 부모에게도 절대 잔소리 하지 않는다. 괜한 참견을 했다가는 불똥이 엄한 데로 튈 수도 있기 때문이다. 그저 오다가다 옆집 아이를 만나면 상냥하게 미소를 지으며 가볍게 인사를 할 뿐이다. 그러니 옆집 아이와 사이가 나빠질 일은 절대 없는 것이다.

비록 극단적인 예를 들었지만 옆집 아이 대하듯 내 아이에게 잔소리는 줄이고 그 대신 상냥한 미소와 함께 공부하기 힘들지 않느냐며 공부에 지친 아이의 마음을 읽어준다면 내 아이와도 사이가 나빠질 일이 없을 것이다.

"나 때는 말이야."로 시작하는 충고나 조언의 허울을 쓴 잔소리보다는 오히려 부모인 내가 그맘때 했던 실수나, 실패담 같은 '짠내'나는 이야기를 한다면 훨씬 공감을 얻을 수 있다. 완벽해 보이는 부모의 실수했던 경험은 아이의 마음의 문을 여는 열쇠가 될 수 있다. 또한 부모의 실수와 실패를 통해 교훈을 얻을 수도 있다.

흔히 상담실에 찾아오는 많은 사람들은 상담실에 찾아오지 않는 상대방이 바뀌었으면 좋겠다고 호소한다. 하지만 아무리 능력이 있는 상담가라도 상담실에 찾아오지 않는 사람까지 바뀌게 할 수는 없다.

세상에서 가장 어려운 일 중 하나가 남을 바꾸려 하는 것이다. 하지만 남을 바꾸는 것은 많은 시간과 노력이 필요하고 그마저도 쉽지 않다. 하지만 상황을 손쉽게 바꿀 수 있는 방법은 있다. 그것은 나 아닌 다른 사람을 바꾸려 하지 말고 내가 바뀌는 것이다. 내가 생각을 바꾸면 훨씬 빠르게 문제가 해결이 된다. 그 대상이 내 아이라고 해서 다를 것이 없다. 경제적 주체가 부모라고 해서, 권력관계에서 우위에 있다고 해서 내 아이를 내 맘대로 할 수는 없다. 내 아이는 이미 주체적이고 개별적인 사람이기 때문이다.

자녀와의 관계에서 문제를 해결하는 손쉬운 방법 "바꾸려 하지 말고 바뀌자."

도서출판 행복에너지의 책을 읽고 후기글을 네이버 및 다음 블로그, 전국 유명 도서 서평란(교보문고, yes24, 인터파크, 알라딘 등)에 게재 후 내용을 도서출판 행복에너지 홈페이지 자유게시판에 올려 주시면 게재해 주신 분들께 행복에너지 신간 도서를 보내드립니다.

www.happybook.or.kr
(도서출판 행복에너지 홈페이지 게시판 공지 참조)

곡예사의 첫사랑

유차영 지음 | 값 25,000원

이 책 『곡예사의 첫사랑 - 미스·미스터트롯 팬덤히트 100곡』은 유차영 작가의 전작 『트로트 열풍 - 남인수에서 임영웅까지』의 후속작 성격을 가진 책이다. 남성 가객들을 다뤘던 전작에 이어 여성 가객들의 유행가를 모았다. 100여 년간 대한민국을 뒤흔든 100곡에 얽힌 흥미진진한 에피소드와 함께 작곡자, 작사가, 가수의 삶을 담은 이야기들은 책장을 넘기는 동안 추억과 공감을 불러일으키고 눈을 떼지 못하게 만들어 줄 것이다.

유병장수의 시대,
무병장수를 위한 건강인문학

곽동우 지음 | 값 16000원

'건강인문학'을 표방하고 있는 이 책은 어려운 의학용어나 전문가만 알아들을 수 있는 설명을 떠나 우리가 일상생활 속에서 한 번쯤은 궁금증을 가져보았을 법한 건강에 대한 질문들을 풀어나가는 방법으로 우리 자신의 몸과 건강을 스스로 이해할 수 있도록 돕는다. 간단하지만 간과하기 쉬운 우리 몸 지식과 함께 실천하기 손쉬운 건강관리법은 독자들이 스스로 몸을 챙기도록 도울 것이다.

어쩌다 늘공이 된 김주사

황인동 지음 | 값 16000원

이 책은 총 37년을 서울시에서 공직에 복무하면서 공무원 포털 사이트 '김주사닷컴'으로 큰 인기를 끈 '영원한 김주사' 황인동 저자 본인의 공직 생활을 솔직하게 담아낸 에세이다. 공직 사회에서의 즐거웠던 에피소드와 괴로웠던 부조리 경험, 공무원으로서 자랑스러웠던 기억, 후배들을 위한 조언 등 다양한 이야기들은 담백하면서도 누구에게나 거리감 없이 다가오며 인간적 공감대를 형성할 것이다.

잼있는 냉장고

황인동 지음 | 값 13000원

이 책은 총 37년을 서울시에서 공직에 복무하면서 공무원 포털 사이트 '김주사닷컴'으로 큰 인기를 끈 바 있는 황인동 저자의 '특급 아재유머' 모음집이다. 언뜻 들으면 당황스러운 듯하면서도 자신도 모르게 깔깔댈 수밖에 없는 것이 '아재유머'의 매력이다. 사회생활은 물론 사람이 살아가는 데에는 유머가 빠질 수 없다고 생각하는 저자의 이번 유머집에는 털털하고 순수하면서도 무릎을 탁 치게 만드는 촌철살인의 유머들이 살아 숨 쉬고 있다.

아내의 손님

이재욱 지음 | 값 15000원

본 도서는 한국에 와서 일하는 불법체류자들의 이야기를 바탕으로 만들어진 연작소설이다. 2016년 『연탄 두 장의 행복』을 통해 사회의 사각지대에서 소외된 사람들의 삶을 리얼리티에 입각해 강렬한 필력으로 그려낸 바 있는 저자는 이번 연작소설을 통해 불법체류자들 역시 저마다 다양한 사정과 우리와 똑같은 고민, 그리고 인간으로서의 희노애락이 있다는 것을 보여주며 독자들의 사회적 시선을 확대하는 데에 도움을 준다.

바이러스 한 방으로 날리는 면역 약선 밥상

김선규 지음 | 값 25000원

약선은 '약(藥)' 자와 반찬 '선(膳)' 자를 합쳐, 말 그대로 '약이 되는 음식'이란 뜻이다. 본서는 한방약선학의 정의와 역사 및 이론에서부터 우리가 일상적으로 사용하는 식재료 및 쉽게 접할 수 있는 한약 재료들을 활용해 약선음식을 만드는 레시피까지 자세히 기술된 웰빙음식 백과사전이다. 특히 좋은 식재료와 안전한 한약재를 선택하고 활용할 수 있는 방법에 중점을 두고 있는 것이 특징이다.

번아웃: 이론, 사례 및 대응전략

이명호, 성기정 지음 | 값 25000원

최근 사회적으로 큰 이슈를 불러일으키고 있는 '번아웃 증후군'에 학문적으로 접근하여 이론적인 기반을 세우는 한편 사례조사를 통한 대응 원칙을 세우는 것을 목표로 하고 있는 책이다. 번아웃의 원인, 결과, 그리고 이에 대한 대응전략이라는 큰 틀 속에서 번아웃의 증상을 유형화하고, 번아웃 이론을 소개하였으며, 번아웃의 측정문제를 다루었다. 특히 의사들을 연구대상으로 한 저자의 박사학위논문 연구결과를 사례로 제시하여 현장성을 높였다.

나는 매일 새 차를 탄다

김세진 지음 | 값 16000원

이 책 『나는 매일 새 차를 탄다』는 현대자동차의 카마스터(자동차 판매 영업사원)에서 시작하여 지점장에 이르기까지 36여 년간을 한 직장에서 근무하며 첫 직장에서 정년을 맞은 김세진 저자의 에세이임과 동시에 '고객의 마음을 사로잡는 방법'이라는 쉽지 않은 주제에 대해 던지는 하나의 답이다. 36여 년간 다양한 카마스터와 고객을 보아 온 저자의 경험에서 우러나온 통찰은 사회생활을 준비하는 이들에게 큰 귀감이 되어 줄 수 있을 것이다.

자유인

정도연 지음 | 값 20000원

본서는 작가가 자신의 후손들에게 전해 주고 싶은 삶에 대한 통찰력과 지혜를 농축한 책이다. 인생 전반에 대한 성찰과 사회에 대한 문제의식 등 우리가 살면서 생각해 봄직한 내용부터 삶에 무디어 있어 무심코 지나치거나 눈치채기 어려웠던 문제점까지 날카롭게 지적하는 저자의 글을 따라가다 보면 인생을 결코 쉽게 살아서는 안 된다는 깨달음에 도달하게 된다.

단 한번뿐인 삶, 화가로 살아보기

서봉남 지음 | 값 25000원

동심을 그려내는 휴머니즘 화가이자 한국의 미를 살려내는 토속화가, 동시에 예수 그리스도의 길을 따르는 성화 화가인 서봉남 화백이 화업 50주년을 맞이하여 사랑하는 이들 앞에 선보이는 에세이이자 자서전이다. '동붕 서봉남'이라는 한 인물과 그의 작품세계를 다양한 차원, 다양한 목소리로 재조명하고 있는 이 책을 읽다 보면 가장 한국적인 미를 담고 있는 그의 작품이 전 세계에서 사랑받는 이유를 알 수 있을 것이다.

리콴유가 전하는 이중언어 교육 이야기

리콴유 지음, 송바우나 옮김 | 값 22000원

이번에 번역 출간되는 『리콴유가 전하는 이중언어 교육 이야기』는 리콴유 초대 싱가포르 총리가 싱가포르 건국 후 적지 않은 반대에도 불구하고 싱가포르를 이중언어 사용 국가로 변모시켜 나가는 과정, 그리고 그 후의 평가를 담고 있다. 비록 많은 점이 다르긴 하나 정치, 경제, 문화의 세 가지 차원에서 과감하게 전개된 싱가포르 이중언어 교육 정책의 역사는 대한민국에도 큰 화두가 될 수 있을 것이다.

트로트 열풍 - 남인수부터 임영웅까지

유차영 지음 | 값 25000원

본서는 대한민국의 트로트 역사를 꼼꼼히 망라하는 '트로트 입문서'이다. 유차영 작가는 '유행가는 그 시대를 풀어내는 산 증인'이라는 자신의 신념과 함께 1921년 〈희망가〉로부터, 2020년 〈이제 나만 믿어요〉까지 우리나라 트로트 역사 100년의 궤적을 엮어 노래별로 얽힌 사람과 역사, 당시의 사연들을 시원한 입담으로 풀어낸다. 그 시절의 아련한 향수를 떠올리게 하는 한편 더욱 흥미롭게 트로트를 즐길 수 있게 도와줄 것이다.

인생이 설레기 시작했다

송재영 지음 | 값 15000원

『인생이 설레기 시작했다』는 도심의 불빛들이 한눈에 보이는 산날망 허름한 집에 살면서도 꿈을 잃지 않은 청년이 바야흐로 쉰이 되어 두 번째 인생을 시작하며 쓴 수필이다. 누구나 공감할 만한 평범한 일상의 이야기지만 그 속에 담긴 반짝이는 별 같은 인생의 설렘과 통찰은 '부모 자식을 위해 청춘을 불사르고 이제 갈 길을 잃어버린 젊은 오빠 누나들'에게 더욱 따뜻한 공감과 위로를 선사할 것이다.

당신을 만나 참 좋았다

가갑손 지음 | 값 25000원

이 책 『당신을 만나 참 좋았다』는 그처럼 저자가 8년간 페이스북을 통해 기록한 본인의 단상을 옮겨 놓은 수필이다. 일상적인 이야기부터 때로는 우리나라의 정치, 경제, 경영, 사회, 문화 등 다양한 범위를 망라하며 본인의 생각을 옮긴 저자의 흔적들은 짧지만 강렬한 비판의식을 가지고 있으며 문장 사이사이는 단호한 주관으로 빛난다. 복잡다양한 세상사를 이해하고 그에 대한 비판적인 시각을 기르는 데 도움을 얻을 수 있을 것이다.